儿童家庭心理健康教育

指导手册

全国妇联 / 编写

中国妇女出版社

图书在版编目（CIP）数据

儿童家庭心理健康教育指导手册 / 全国妇联编写
. -- 北京 ：中国妇女出版社，2023.5（2024.2重印）
ISBN 978-7-5127-2207-1

Ⅰ.①儿… Ⅱ.①全… Ⅲ.①心理健康－家庭教育－手册 Ⅳ.①G444-62②G78-62

中国版本图书馆CIP数据核字（2022）第222785号

项目统筹：廖晶晶 万立正
责任编辑：耿 剑
特约编辑：陈 潇 张冠芳
插图绘制：至善奥博
封面设计：李 甦
责任印制：李志国

出版发行：中国妇女出版社
地　　址：北京市东城区史家胡同甲24号　　邮政编码：100010
电　　话：（010）65133160（发行部）　　65133161（邮购）
网　　址：www.womenbooks.cn
邮　　箱：zgfncbs@womenbooks.cn
法律顾问：北京市道可特律师事务所
经　　销：各地新华书店
印　　刷：北京通州皇家印刷厂

开　　本：140mm×203mm 1/32
印　　张：6.375
字　　数：114千字
版　　次：2023年5月第1版　　2024年2月第3次印刷
定　　价：38.00元

前　言

儿童健康成长关系祖国和民族的未来，也是每个家庭最大的愿望和期盼。党的十八大以来，以习近平同志为核心的党中央高度重视儿童健康成长，习近平总书记多次就促进儿童身心健康作出重要指示，殷切希望广大儿童刻苦学习知识，坚定理想信念，磨炼坚强意志，锻炼强健体魄，为实现中华民族伟大复兴的中国梦时刻准备着。2022年5月31日，习近平总书记专门致信祝贺中国儿童中心成立40周年，要求广大儿童工作者做儿童成长的引路人、儿童权益的守护人、儿童未来的筑梦人。党的二十大就推进健康中国建设进行了战略部署，强调要重视心理健康和精神卫生。促进儿童健康成长，既要关注身体健康，也要关注心理健康。

近年来，随着我国经济社会快速发展，儿童心理健康的重要性不断凸显。家庭是人生的第一个课堂，在儿童心理发育、人格养成中起着重要作用，家长是孩子的第一任老师，是守护儿童健康成长的第一责任人，加强对家庭的心理健康教育指导，提升家长对儿童心理健康问题早期预防、识别和有效干预能力显得尤为必要。

为深入贯彻党的二十大精神，贯彻落实习近平总书记重要指示精神，促进儿童健康成长，全国妇联家庭和儿童工作部组织儿童心理健康和家庭教育相关专家，精心策划编写《儿童家庭心理健康教育指导手册》，分0～3岁、4～6岁、7～12岁、13～15岁、16～18岁五个年龄阶段，呈现儿童心理发展特点和规律，提出针对性家庭教育方案，同时梳理家长在儿童成长过程中遇到的典型问题和困惑，形成系列清单、提出应对方法，帮助广大家长了解儿童心理发展规律、掌握家庭心理健康教育知识方法、科学养育教育儿童，为儿童成长营造温馨和谐健康的家庭环境，助力儿童身心健康发展。

全国妇联家庭和儿童工作部

2023年5月

目 录

第一章 我家有了新成员

——0～3岁儿童心理健康发展的家庭教育方案

第一节 0～3岁儿童的心理发展特点及表现...002

第二节 0～3岁儿童家长的必要行动...009

第三节 0～3岁儿童常见行为问题及应对方法...021

第四节 0～3岁儿童需要专业帮助的情况...033

第二章 充满好奇的幼儿

——4～6岁儿童心理健康发展的家庭教育方案

第一节 4～6岁儿童的心理发展特点及表现...042

第二节 4～6岁儿童家长的必要行动...048

第三节 4～6岁儿童常见行为问题及应对方法...057

第四节 4～6岁儿童需要专业帮助的情况...072

第三章　小学培养好习惯

——7～12岁儿童心理健康发展的家庭教育方案

第一节　7～12岁儿童的心理发展特点及表现...078

第二节　7～12岁儿童家长的必要行动...085

第三节　7～12岁儿童常见行为问题及应对方法...096

第四节　7～12岁儿童需要专业帮助的情况...113

第四章　半成熟的青春期

——13～15岁儿童心理健康发展的家庭教育方案

第一节　13～15岁儿童的心理发展特点及表现...118

第二节　13～15岁儿童家长的必要行动...124

第三节　13～15岁儿童典型心理问题及应对方法...134

第四节　13～15岁儿童需要专业帮助的情况...157

第五章　羽翼渐丰振翅飞

——16～18岁儿童心理健康发展的家庭教育方案

第一节　16～18岁儿童的心理发展特点及表现...164

第二节　16～18岁儿童家长的必要行动...168

第三节　16～18岁儿童典型心理问题及应对方法...176

第四节　16～18岁儿童需要专业帮助的情况...192

第一章

我家有了新成员

——0～3岁儿童心理健康发展的家庭教育方案

0～3岁是儿童身心快速发育的第一个飞跃期，这一时期的儿童心理发展呈现突飞猛进的势头。从躺卧、爬行、直立行走，到思维萌芽、言语发展、情绪情感发展，再到个性特征的萌芽等，儿童每天都在向更高水平发展变化。

这一阶段的儿童有几个显著的发展特点。一是从胎儿寄居状态向独立生活转化。胎儿脱离母体，降生到世界上，独立生活从此开始。二是需要成年人的抚育和关照，同时儿童自身有很强的可塑性，发展前景无限广阔。三是学会随意独立行走。这个时期的儿童生活范围扩大，喜欢到处走动，但动作不太灵活，容易疲劳。四是言语发展迅速。儿童从能够听懂词汇，到可以使用简单句子表达想法。五是出现最初的游戏活动。六是产生初步的自我意识。

这一阶段，家长应培养儿童良好的情绪状态，经常与儿童交流，开展适宜的游戏，教育儿童积极地掌握言语，通过言语来丰富儿童的经验、培养儿童的道德品质，为儿童心理健康发展奠定良好基础。

第一节 0～3岁儿童的心理发展特点及表现

儿童0～1岁阶段一般被称为乳儿期，1～3岁阶段为婴儿期，考虑到这两个阶段时间跨度较小，且这一时期儿童心理发展状况较为简单，本书将这两个阶段的儿童心理发展情况合并论述。这一时期是儿童身心各方面发展最为显著的阶段。

面对家庭新成员，家长要了解孩子心理发展的一些重要特点，在享受为人父母喜悦的同时，帮助孩子顺利度过人生第一个重要成长阶段。

一、动作发展——动起来就是成长

动作的发展是儿童心理发展的前提，也是其心理发展的外部表现。没有动作，儿童心理就无从发展。

随着身体的逐渐发育，儿童会不断掌握新的动作技能。这些动作让儿童对环境有了最初的认识，使得儿童心理得到极大满足。这样的满足又会带动儿童更积极地探索新事物，以得到更大的心理满足。渐渐地，游戏成为他们活动的主要内容，儿童在游戏中学习和发展各种技能，不断地探索、了解外部世界。

儿童的思维发展也和动作技能的提升密不可分。动作是思维的起点，也是儿童解决问题的手段，比如球滚到沙发下，儿童会用小棍拨出来。不过这一阶段儿童的思维只能反映动作所触及的事物，还不能在动作之外思考，因此对行动结果没有预见性和计划性。

动作的发展对其他方面的发展有非常显著的影响，家长要做好儿童动作训练，避免感觉统合失调。

二、言语能力——不可错过的关键期

1岁以后，儿童发展的重要特征是语言的掌握。2～3岁是儿童言语发展的关键期。到3岁时，他们已经掌握了最基本的语言。言语能力会将儿童吸引到听故事、看电视、看书等活动上，这为之后的学习和记忆奠定了良好基础。

言语是儿童心理发展过程中最重要的内容之一，对儿童产生外界认知和投入社会生活起着重要作用，对其以后的心理发展更有着深远而重大的影响。因此，父母要采取各种方法对孩子进行言语能力培养。

三、情绪——温柔呵护，多见“世面”

儿童天真的笑脸常会让父母觉得幸福满满。他们最初的微笑是自发的，可以在没有外界刺激的情况下发生，在父母抚摸儿童的腹部或者发出各种声音时也会引起儿童微笑。三四周起，儿童会对人脸产生兴趣，持续到6个月大左右，他们见到熟悉的脸、陌生的脸都会笑。

随着儿童能力的增强，他们开始对不同人作出不同的反应，对熟悉的人会笑逐颜开、对陌生人则带有警惕。

有些孩子会有认生的表现，对不熟悉的人表现出一种害怕的情绪反应，这种情况通常会在5～9个月大出现。父母可以在孩子还不懂得认生的时候，多带孩子去户外人多、小朋友多的场合，让其尽早适应各种社会环境；另外，也可以带孩子熟悉除照料者之外的邻居、朋友等。

出现认生情况时，孩子可能会哭，家长这时要耐心、保持情绪稳定，不要因感觉没面子而呵斥孩子。在家长的耐心陪伴下，绝大多数孩子会顺利度过这个阶段。

除认生外，儿童的哭通常和饥饿、瞌睡、身体不适、心理不适、感到无聊等有关。

如果儿童是因生理需求得不到满足而哭泣，家长满足其生理需求后儿童即可停止哭泣。而对于心理需求方面的满足，父母将孩子抱起来轻柔地抚摸，可以让哭泣、烦躁的儿童安静下来。触觉是儿童获取世界有关信息的一种方式，轻柔地抚摸和舒适、熟悉的怀抱会让孩子感到安全。

7～8个月时，儿童差不多有了情绪的参照能力，也就是能通过表情解读他人的心理，会通过“看人脸色”决定自己的行为，家长可以运用这一特点对孩子进行鼓励。如处于陌生环境时，孩子会从母亲的面部表情寻求信息，以帮助自己确定应采取的行为。母亲鼓励的表情会让孩子获得安全感，促使他对新刺激进行探索，同时有助于亲子情感交流。

四、依恋——建立良好"依恋关系"很重要

依恋指儿童和主要照料者（通常是母亲）之间的情感关系，这种依恋的情感是在儿童与主要照料者的互动过程中形成的。

根据婴儿在陌生环境中的不同反应，心理学家将婴儿的依恋分为三种类型，即安全型依恋、回避型依恋和矛盾型依恋。家长可以参照不同类型的特点，看看自家孩子属于哪种依恋类型，有针对性地回应孩子所表达的需求，有利于建立良好的依恋关系，也有利于儿童健康成长。

以母亲离开婴儿为例——

当母亲离开时，安全型依恋的儿童会哭泣或抗议，当母亲回来时会高兴地欢迎母亲。他们将母亲当作"安全基地"，可以离开母亲一定距离，自己玩耍探索，有时也会回到母亲身边寻求安全感。这类孩子通常愿意合作，相对较少生气。

回避型依恋的儿童在母亲离开时很少哭泣，但当母亲回来时会拒绝她。他们经常生气，在需要帮助时不会表达需求，不愿意和母亲保持亲密接触。他们不喜欢被单独留下来，更不喜欢被斥责。

矛盾型依恋的儿童在母亲离开之前就会焦虑，母亲离开时会非常烦躁；但当母亲回来时，他们表现得很矛盾，想和母亲接触，却又通过踢或扭动身体表示抗拒。这类儿童很

难安慰。

依恋关系对儿童未来的性格发展和人际关系有很大影响。父母对孩子的依恋类型有了认识后，主动改善养育方法，可以避免出现严重不利的情况。

儿童还会对一些没有生命的物品产生依恋，比如儿童用过的枕头、毯子、玩具狗狗等，无论走到哪里，他都会牢牢地抱着。这是孩子的“过渡物”。儿童的发展需要逐渐走向独立，在与自己依赖的照料者分开的过程中会产生焦虑，这些让孩子依恋的物品可以帮他抗拒压力和恐惧，会对他起到安慰的作用。有的孩子甚至年龄很大了还会依恋这些物品，这属于正常现象。

五、自我意识——尊重孩子说“不”

自我意识指一个人对自己以及自己与他人的关系的认识，如自我评价、自尊心、自信心、自制力、独立性等，是个性特征的重要标志之一。

2～3岁大的儿童开始把自己当作独立主体来认识，突出的表现是会说“我”，用这一人称代词来称呼自己。这个时期，他们看起来有些“叛逆”，对尝试按自己的想法做事有着极大的兴趣，很容易说“不”，而且有很强的领地意识，自己的东西谁也不能碰等。这是自我意识发展的第一个飞跃。从这时起，父母就要充分考虑及尊重儿童的想法。

第二节 0～3岁儿童家长的必要行动

在了解和掌握0～3岁儿童的重要心理发展特点之后，家长的应尽职责就是要依据相关特点做好科学引导，推动儿童朝着身心健康的正确方向发展。

一、加强感统训练

人的大脑通过感觉系统，也就是常说的视觉、听觉、嗅觉、味觉、触觉等搜集周围环境中的信息，将搜集到的信息整合起来，形成知觉，大脑由此能够及时、有效地对外界刺激作出适当的反应。这一过程，我们称之为感觉统合（简称“感统”），称这种能力为感统能力。儿童在母体中就开始形成感统能力，并在后天的训练中不断完善。

（一）为什么要进行感统训练

感统是儿童大脑和身体相互协调的学习过程，感统能力决定了儿童学习时的注意力集中程度、反应速度、动作速度、情绪稳定性以及手、眼、耳协调性等，是学习能力的基础。这里的学习泛指儿童在生活中的各种学习，并非单纯的学科学习。感统训练就是为儿童的感觉系统提供多种刺激，引导大脑对感觉刺激作出适当反应的训练。

0～3岁是儿童感统训练的基础阶段，这一时期的训练，对于儿童后期的学习、成长有重要作用。家长要有意识地对儿童进行训练，促进儿童感统能力的发展。

（二）如何进行感统训练

1.爬行训练

对于年龄较小的儿童，爬行是进行感统训练的最佳手段。爬行的过程对儿童来说是一个探索的过程，是儿童经历的第一种全身协调运动，可以锻炼颈部、胸肌、背肌、腹肌以及四肢肌肉的力量，促进骨骼的生长和韧带的灵活，还可以有效促进儿童空间认知能力的发展和脑功能的发育。

在儿童开始练习爬行时，家长要创造条件让儿童多练习。比如，家长可以用玩具吸引儿童爬行；家长手脚撑地把身体弯成拱形，让儿童从下面爬过去；鼓励儿童攀高爬低等。家长千万不要为了省事儿而减少儿童爬行的机会，或是在儿童开始会爬不久就让其提早学走路。

2.游戏锻炼

随着儿童动作的发展，家长要鼓励儿童多探索、多游戏。在日常游戏中，家长可以有意识地对儿童进行感统训练，如在确保安全的情况下通过蹦床、秋千、扭扭车、滑板车等活动促进儿童平衡能力的发展，提高儿童的注意力；通过玩沙子、游泳、拿梳子轻轻敲儿童的皮肤等进行触觉训练；通过拍球、走迷宫、拼插组装物品、涂鸦等进行视觉运

动与手、眼协调运动的训练等。

家长平时也要注意观察，发现儿童哪些地方做得不理想，可以进行有针对性的训练。

二、与儿童建立良好的亲子依恋关系

良好的亲子依恋关系是儿童探索世界的“安全基地”。儿童在探索世界时，可能会遇到一些让他感到害怕、不确定的事件或物品。此时，儿童第一时间会到家长那里寻求安全保护。

以安全依恋为基础，当儿童有了足够的经验，他就会越来越坚强、越来越自在，逐渐在依靠家长和依靠自我发展这两者间取得平衡。

（一）母亲要敏锐地了解儿童的需求，并作出有效回应

依恋，最初是在儿童与母亲的相互交往和情感交流中形成的。母亲对儿童发出的信号，如哭、笑等，能够敏锐地感知，并能正确理解这个信号是代表儿童的何种需求，如饿了、尿了等，及时给予有效的回应。

母亲要经常通过深情注视、爱抚、亲吻等身体接触以及微笑、充满感情地对儿童说话等，与儿童进行情感交流，以满足儿童的需要，为其带来积极的情绪体验。

（二）家长要花时间陪伴儿童

随着儿童长大，父亲会更多地参与到养育中来。家长每天抽出一定的时间陪伴儿童，和儿童一起玩游戏、跟儿童聊天，让儿童感觉到家长跟他处在一种亲密的关系中，情感需求自然会得到满足。

（三）家长对儿童的反应尽量保持情绪稳定

家长要尽量控制好情绪，不要因为自己的情绪好坏而影响到对儿童需求的反应。儿童哭的时候，如果家长正好情绪好，就去安慰儿童；如果家长情绪不好，就不理睬儿童，任他去哭。家长不稳定的情绪反应会让儿童感到迷惑，从而对周围的环境产生不信任感。

（四）建立良好亲子依恋关系的关键是“无条件地爱”

儿童的一些错误行为常会令家长产生负性情绪，这时，有的家长会跟儿童说类似“你再这样，我就不要你了”的话，这一年龄阶段的儿童还无法分辨语言含义和语气态度，他会信以为真，担心自己被抛弃，这对亲子依恋关系伤害很大。因而，家长要“无条件地爱”儿童，把他作为独立的“人”，把儿童与“令人恼火的行为”分开，要让儿童感受到即使做错了事，家长纠正的是“做错的行为”，而对儿童的爱则是不变的。

三、创造良好环境鼓励孩子说话

言语能力是婴幼儿时期重点发展的能力之一，一旦发展起来，其智力就会随之发展。因此，家长要创造各方面的良好环境鼓励儿童说话。

（一）创造不厌其烦、生动有趣的家庭语言环境

1.在儿童还不会说话时，家长就要不厌其烦地与儿童喃喃细语

儿童听得越多，掌握得越快、越好。从婴幼儿时起，儿童最喜欢看微笑的人脸，家长要微笑着多对儿童说话，多与儿童交流情感。

2.家长可以通过生动的肢体动作、语言等多种方式与儿童交流

家长多给儿童介绍日常活动内容，让儿童理解语言，丰富他们的词汇量。

3.家长要努力提高自身语言表达素养，为儿童提供良好的语言示范

这一时期，家长要用直截了当的词句和儿童对话，这就是在给儿童示范如何说话，是教儿童说话最有效的

方式。

（二）创造丰富多彩、音量适宜的声音刺激环境

研究表明，社会文化生活较丰富的儿童，其语言发展得快。因此，家长要多给儿童一些丰富多彩的声音刺激，让儿童感受语言。丰富且轻柔的声音刺激包括给儿童听音乐、唱儿歌、讲故事等，还有聆听自然界的各种声音。

（三）创造鼓励、尊重式的语言环境

1.家长不要严厉纠正儿童“创造”的新词句

儿童在学习语言的过程中，常会自己“创造”一些新词句。对于儿童而言，能够不害羞地、随意地使用新的词句非常重要，家长此时不要严厉纠正儿童，否则有些敏感的儿童会担心说错而不敢开口说话。家长不必担心，儿童创造的新词句会随着他们认知的发展以及家长温和的引导而得到纠正。

2.家长要重视儿童提出的问题，并愿意对儿童感兴趣的事物进行回应

在学习语言的进程中，儿童带着好奇心，努力去理解他所生活的世界，因此他们会问很多“是什么”“为什么”。这些问题可能有些直接，甚至令人尴尬，而且他们

常常会问一些没有标准答案或者家长答不上来的问题。无论怎样，家长都不要表现出烦躁，要让儿童知道家长很重视他们所提出的问题，并且愿意对他们感兴趣的内容耐心回应。

（四）创造友好、互通的外部交往语言环境

除了家庭中的语言交往环境，家长有机会应多带儿童走出家门，让他与同龄小伙伴一起玩耍。在与同龄伙伴游戏的过程中，儿童会互通有无，更多地扩展词汇量，同时发展人际交往的能力。

四、开启亲子阅读时光

亲子阅读是培养儿童与父母良好关系、促进儿童心理健康发展的重要途径。家长要重视亲子阅读的作用，并采取科学的方法，提升亲子阅读的有效性。

（一）亲子阅读能促进良好依恋关系的建立

保持一定的频率，在舒适、放松、愉悦的环境中进行亲子阅读，家长的耐心陪伴会带给儿童安全感和信任感。当儿童充分感受到家长的关心和爱护，从这种陪伴中就会获得心理上的满足，从而促进良好依恋关系的建立。

由于婴儿期儿童与母亲的互动较多，多数家庭的亲子阅读常会由母亲与孩子共同进行。其实此时可以多增加父亲的参与，以此来营造家庭的亲情氛围与阅读氛围。

与父母具有良好依恋关系的孩子往往更自信，懂得如何关心他人，与他人和谐相处。

（二）在游戏中进行亲子阅读

0～3岁儿童的生活基本上是在游戏中成长起来的，阅读自然也要在游戏的基础上进行。

在亲子阅读中，家长可以用夸张的语言、语气，再加上肢体动作，跟儿童一起扮演角色，让儿童融入阅读的气氛中。

家长可以发挥自己的创造力，比如将阅读与绘画结合。2岁以后，儿童会进入绘画敏感期，家长可以让孩子以一个绘本主题作为出发点，引导孩子根据自己的想象力进行涂鸦、绘画。

适合这一年龄阶段儿童的绘本，通常图多字少，家长可以引导儿童多观察，不放过任何细节，也可以引导儿童学会看重点。但切记，家长不要急功近利，让孩子享受阅读带来的乐趣最重要。

（三）亲子阅读对儿童心理健康发展的帮助

1.帮助儿童发挥想象力、创造力

在阅读中，儿童拓展了视野，如认识动物、了解自然、了解世界等。家长在与儿童进行亲子阅读时，可通过提问的方式帮助儿童锻炼主动思考的能力，并引导儿童大胆想象，发挥创造力。

2.在阅读中进行模仿学习

婴幼儿期儿童的主要读物是绘本，家长可以通过绘本故事帮助儿童学习与人相处的方式、行为习惯等，从故事中进行模仿学习比家长的说教更有用。

3.促进儿童言语能力发展

亲子阅读中，儿童既可以听家长的讲解，又可以与家长进行互动交流，使得儿童对语言的理解能力以及口头表达能力得到提高，促进儿童言语能力的发展。

五、鼓励儿童进行社会交往

随着活动和认识范围的不断扩大，儿童开始与其他小伙伴共同游戏，交往范围从亲子之间逐步扩大到同伴之间。0～3岁是培养儿童社会交往能力的重要时期。社会交往对儿童的好奇心、自信心、是非观，以及智力、情感发展均有良好的促进作用，家长要鼓励儿童进行社会交往。

（一）创设积极的交往环境

1.温馨、快乐的家庭交往氛围

家庭中的交往是儿童进行对外交往的基础。家长陪儿童阅读、讲故事、玩游戏、做手工等，和儿童亲昵地笑闹，都会让儿童感到安全、放松。家庭中温馨、快乐的氛围可以使儿童与家长之间的关系更加和谐、亲密。

2.鼓励儿童和同龄人交往

家长可以主动为儿童创造社会交往机会。如当儿童表现出想与其他小朋友玩耍的愿望时，家长要给予积极的鼓励，并在条件允许的情况下帮助儿童达成心愿。平时也可以邀请邻居家的儿童来自家玩，或到户外共同游戏。当儿童感受到交往的快乐时，就会喜欢上交往，从而促进交往能力的提升。

（二）帮助儿童学习交往技巧

1.在家庭中有意识对儿童进行交往训练

在家中引导儿童明白“好东西要分享”。家长以身作则，帮儿童学会“轮流”“等待”等交往规则。

2.帮助儿童学习应对同伴交往中的冲突

在发生同伴冲突时，家长要做好示范，帮助儿童在具体事件中习得交往技巧，如带领引发冲突的儿童向同伴说“对不起”等。儿童在解决冲突的过程中学习应对策略，逐步具备积极应对冲突的能力。

3.全方位了解儿童的交往状况，有针对性进行引导

除了同伴游戏，家长还可以带儿童参加各种各样的活动，包括有老师带领的活动，这样就有机会在不同的环境中了解自家孩子，可能会发现许多平时没发现的情况，如人多时儿童会有紧张感、有老师带领活动时儿童不积极参与等。观察到儿童平时未表现出来的情况后，家长可在日常生活中对儿童进行有针对性的、不着痕迹的引导。

第三节 0～3岁儿童常见行为问题及应对方法

每个年龄阶段的儿童都会出现一些比较常见的行为问题，让家长备受困扰。家长需要找到问题成因，掌握科学方法，正确处理应对。

问题一：儿童在公共场合“无理取闹”怎么办

（一）行为解读

儿童躺在人来人往的商场地上又哭又闹，家长的哄劝、威胁均不管用，场面尴尬、无奈……这个场景相信很多家长都不陌生。简单地把儿童的这种行为理解为“无理取闹”是不可取的，家长需要读懂儿童的行为，才能找到解决办法。

1.“无理取闹”表达的是强烈情绪

对于婴幼儿时期的儿童来说，当家长拒绝他们的要求时，愤怒、委屈等强烈的情绪会让他们感到无法招架，而他

们又不能用言语表达自己的感受，那就通过踢、打、咬、尖叫等行为来体现内心的情感。

2.“无理取闹”曾经是有效途径

在一些家庭，有的家长习惯于在儿童哭闹的时候满足其要求，这就给儿童一种暗示，认为哭闹是获取满足的方法。一旦需求得不到满足，他们就会不分场合地哭闹，甚至越是在公共场合，越是“无理取闹”。

（二）应对方法

1.家长要克制情绪

儿童在公共场合“无理取闹”，会让家长感到尴尬和羞愧，常常会恼羞成怒，而对儿童采用“暴力教育”。事实上，这样只会让局面更加混乱。所以，这种情况下，家长首先要克制情绪，不发火，耐心观察。

2.不要试图讲道理

这个年龄阶段儿童的理性思维发展远未成熟。在这种情况下，情绪占据了主导，儿童听不进去任何道理。家长试图讲道理，反而可能激化家长和儿童双方的情绪。

3.带离当时的环境

处在当时的环境会让儿童不断强化自己的情绪，如果可以，家长先将其带离当时的场所，然后再去解决问题。

4.冷静陪伴不妥协

家长应保持冷静，拥抱、安抚儿童（如果儿童可以接受）是比较好的办法，直到儿童冷静下来。或者在旁陪伴，让儿童感受到家长还是关注他的、不会离开他，同时也让儿童感受到家长并不会因为他的哭闹而妥协。

5.约定恰当的表达方式

等儿童情绪稳定，不再哭闹，家长可以慢慢和儿童说明无法满足其需求的原因，和儿童一起商量替代解决的办法，引导儿童学会用恰当的方式来表达自己的情绪。比如，可以让儿童选一个他喜欢的卡通形象来做“情绪守护神”，当儿童有情绪时，大叫“××快来帮助我”；也可以引导表达能力较好的儿童直接用语言表达“我很生气”“我很难过”等。

对于儿童来说，用恰当的方式表达情绪是一个学习的过程，需要通过一次次的练习逐渐掌握。家长切记，不能让哭闹成为儿童获取需求的手段。

温馨小贴士

> 儿童当众发脾气，家长无须太尴尬。
> 陪伴拥抱不妥协，表达情绪学起来。

问题二：儿童喜欢咬指甲怎么办

（一）行为解读

咬指甲，指反复啃咬指甲的行为。这是儿童期常见的一种不良习惯，多见于3岁及以上幼儿。如果未及时调整，儿童成年之后会一直延续此行为习惯。

儿童喜欢咬指甲，一般有如下原因。

1.与儿童的身体有关

儿童体内缺少锌或铁等微量元素，导致出现咬指甲现象。

2.与儿童的情绪有关

紧张、焦虑、沮丧、自卑、敌对感、情感需求得不到满足等负性情绪都有可能导致咬指甲行为产生，这种下意识的行为可以缓解儿童的精神紧张。通常内向、敏感、易焦虑的儿童会有此现象。也有一部分儿童会在无聊时，如安静听故事、看动画片等“手闲着”的时候啃咬指甲，而当他在动手操作、游戏活动中则无啃咬行为。

3.可能与父母对儿童的关注不足有关

儿童往往通过咬指甲、吸吮手指等不良行为引起父母对自己的关注。

（二）应对方法

1.观察与反思

家长发现儿童啃咬指甲要留意观察，看看儿童通常在什么情况下会有此行为。同时，反思家中或周围环境近来有何变化，站在儿童角度思考变化可能带来的情绪反应，从而给儿童提供相应的情感支持。

2.理解与接纳

不要呵斥儿童咬指甲的行为，呵斥无济于事，应在了解原因后，尝试理解儿童：先接纳这种行为，然后再进行温和提醒。比如，家长可以抱着孩子，握住小手轻轻抚摸，陪他一起看动画片、做游戏，通过拥抱和交流，满足儿童的情感需求。

3.不要谈条件

家长不要说“你不咬指甲，妈妈才喜欢你”“只要你不咬指甲，妈妈就带你去买玩具”等，这种话语只能在短时间内起到作用，还可能会让儿童觉得只有好的行为才能换来家长的爱，反而降低了儿童的安全感。恰当的表达是：“不管你咬不咬指甲，我们都爱你。但是咬指甲不卫生，不利于身体健康，我们一起努力改掉这个习惯。”

4.肯定好的行为

家长试着先忽略咬指甲的不良行为，转换思路，强化儿童有进步、表现好的行为，鼓励儿童多做那些值得肯定的行为。当儿童专注于积极行为时，不良行为就会无意间减少。

5.营造温馨时刻

家长每周定期给儿童剪指甲，并将这个过程营造成亲子温馨时刻，表明家长很喜欢给儿童剪指甲。将剪指甲与温馨时刻建立连接，儿童会很期待这一时刻，也会因此而减少咬指甲的行为。

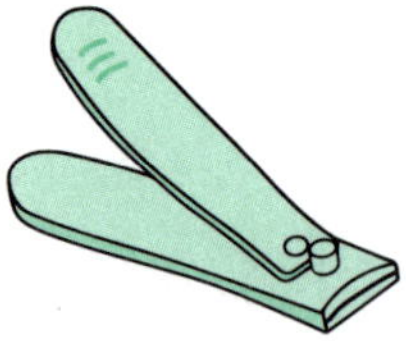

温馨小贴士

焦虑无聊咬指甲，提醒批评效果差。
理解接纳多关爱，积极行为代替它。

问题三：儿童总是说“不”怎么办

（一）行为解读

随着儿童自由活动能力增强，各方面知识不断积累，他们的自我意识开始变得强烈，跃跃欲试想成为“小大人”，对家长的要求和安排喜欢说“不”，喜欢和家长唱反调。由此进入我们常说的“第一逆反期”，这个逆反期通常在2～3岁。

这一时期的儿童已经有了自己的想法，这是其发展判断力和独立能力的好时机。儿童喜欢说“不”，是正常成长的必经之路，家长应该感到开心，因为儿童有自己的主张和想法了，毕竟谁也不希望孩子长大以后无法表达自己的立场，或是无法拒绝不好的事物。

儿童成长变化会对家长的“权威”带来挑战，但家长不必因此而过于担心，要以科学的态度加以重视，帮助儿童顺利度过这个时期。

（二）应对方法

1.家长要做好情绪控制

当儿童频繁且坚决地对家长的要求说“不”时，家长应该懂得这是儿童成长的必经之路，要控制自己的情绪，避免强制性的反对和命令，尽量采用温和的方式应对处理。

2.给儿童提供做决定的机会

当家长习惯性地对儿童说“咱们去做××好不好？”“要不要？”这一年龄阶段的儿童可能会说“不好”“不要”，很多时候这并不是表示拒绝，而是儿童下意识要表达自己的意愿——我要自己做决定！

此时，家长要注意与儿童说话的技巧，可以提供一些明确的选项给儿童，比如让儿童自己选择明天穿哪套衣服、早餐吃什么等，这会让儿童感觉被尊重、被爱护，体会到自主意识的满足，也就不会产生过多的对立情绪。

3.满足儿童探索的愿望，提供必要的帮助

这一时期的儿童愿意独立尝试一些事情，在保障安全的前提下，家长可以放手让儿童去探索。同时，家长的帮忙必不可少，帮忙时主要注意安抚儿童的情绪。一般情况下，儿童在做不好事情时会沮丧、生气，甚至情绪崩溃。家长要

采用温和的方式安抚儿童的情绪，比如表扬他做得好的地方、教给他做事的方法、鼓励下次继续努力等。这样处理，儿童会在一次次实践中积累经验，体验到成功的快乐，也就不会产生过多的对立情绪。

温馨小贴士

儿童说“不”莫焦虑，内心独立要长大。
鼓励他们去探索，温和智慧来保驾。

问题四：儿童过度依赖家长怎么办

（一）行为解读

前面的章节，我们讲过依恋是儿童和照料者之间的情感联结，是在儿童与家长的相互交往和情感交流过程中形成的，对儿童来说具有适应性的价值。正常的情感依恋，可以给儿童带来安全感，能够确保他们的心理和生理需求获得满足，使儿童更容易生存下去。但是，如果儿童过度依赖家长，在需要独立完成一些事情时出现困难，使依赖形成一种习惯，那就要正确干预和引导。

一般而言，0～3岁的儿童过度依赖家长，有两方面原因。一方面，儿童与家长的安全依恋关系没有建立好，儿童无法接受家长不在自己身边的情形，一旦与家长分开就会产生强烈不安、焦虑的情绪。另一方面，家长在养育过程中可能因为溺爱、过度保护、包办代替等，让儿童产生自我怀疑，丧失了自信心和基本的生活、交往能力，导致儿童对家长的过度依赖。

（二）应对方法

1.分离训练

0～3岁儿童过度依赖家长常常表现为无法与家长分离。与象征安全港湾的母亲（或家庭）分离，对儿童来说简直像世界末日。不过，若家长处理得好，就能获得儿童的信任，帮儿童发展出应对分离的能力。即便具备良好的亲子依恋关系，同样需要进行分离训练。

家长日常可以陪儿童玩“躲猫猫”游戏，这个游戏总是让儿童百玩不厌，因为在游戏中可以让儿童表达他们对于分离和“失去”某人的焦虑，然后体验再度找到这个人的喜悦。玩这个游戏时要注意，轮到年纪小的儿童躲藏时，他们在等待方面的忍受力有限，所以不要让他们躲太久才被找到。

有时候，家长决定在儿童顾着玩的时候溜走，以免他们难过，这样带来的问题是：儿童突然发现家长不见了，却对他们什么时候回来，甚至会不会回来感到焦虑。因此，家长离开前最好先跟儿童沟通，一方面可让儿童表达心中的感受，另一方面要不断告诉他“爸爸（妈妈）一定会在某一时刻回来”。年龄较小的儿童没有明确的时间概念，家长可以告诉他们衡量时间的方法，如“晚上吃饭时，爸爸（妈妈）一定会回来”。好好道别可以帮助儿童带着对家长的信任面对分离的痛苦，对日后上幼儿园的适应有很大帮助。

2.适度放手

随着儿童生理、心理的发展，家长要明白，不能再像对待小婴儿那样包办代替儿童的一切事务，养育方面的过度保护会限制儿童向外界探索的能力。因此，家长要学会适度放手，“温和而坚定”地拒绝儿童过度依赖的要求，鼓励儿童积极探索，发展其独立能力。

3.加强独立训练

儿童在最初独立做事时，会感到不安、没有信心。这个时候，家长要及时鼓励儿童，取得一点点进步与成功都要及时肯定。这会让儿童逐步建立能力感，自信心也会随之增强。

温馨小贴士

家里小孩太黏人，家长自身找原因。
分离训练要做好，逐步放手增自信。

第四节
0～3岁儿童需要专业帮助的情况

掌握了儿童心理发展的特点、规律和方法，家长就可以应对儿童在成长发育过程中的一些常见问题。但还有一些特殊情况，需要引起家长注意，必要时应求助专业医疗机构或训练机构。

下面，我们选取这一年龄阶段儿童较为多发，或必须引起家长注意的情况，予以提醒。

情况一：孤独症

孤独症是一种起病于婴幼儿时期的全面性精神发育障碍，是儿童发展障碍中最常见，也是最严重的一种。主要在3岁前发病，2～5岁是症状行为最为明显的阶段。因为孤独症儿童缺乏社会交往的能力和兴趣，沉浸在自我封闭的世界里，故也将此病症称为“自闭症”。

孤独症儿童一般有以下表现：

一是持久性的社会交往/交流障碍。主要表现为喜欢独自玩耍，对家长的指令充耳不闻，但听力并未受损；缺乏目光接触或对视短暂、游离；不愿意、不懂得或不擅长与家长、小朋友进行合作性、分享性、竞争性游戏。

二是兴趣狭隘和重复刻板的行为方式。主要表现在身体运动的刻板、对物件玩具不同寻常的喜好，以及特定的仪式性行为，如反复转圈、开关门、按固定顺序给物品排队、反复观看电视广告、坚持走某一条路线等，甚至对自己房间的任何变化都极度敏感，表示反对和出现不安。

这些表现可以简单概括为“五不”行为，即不看（目光接触异常）、不应（叫名字不理睬）、不指（缺乏恰当的肢体动作）、不说（语言发育延迟）、不当（不恰当的物品使用及相关的感知觉异常）。

孤独症的诊断主要依据儿童行为表现，因此家长可以采取以下方法，做到早识别、早干预、早治疗。

- 注意观察儿童的行为，尤其是社会交往是否表现出

“五不”行为；

- 当发现儿童有“五不”行为时，表明儿童可能有孤独症倾向，应及时到儿童保健专业机构进行孤独症筛查诊断；
- 根据诊断结果开展有针对性的治疗和康复训练；
- 家长积极配合，给予儿童心理上的支持，帮助儿童及时进入主流教育。

情况二：感觉统合失调

感觉统合失调，简称感统失调，指儿童大脑在发展的过程中出现轻微障碍，无法完成环境刺激的整合，也无法准确作出相应反应的现象。这就好比红绿灯出现故障，交通乱成一团的情形。

儿童出现感统失调常有以下表现：好动不安、行动笨拙、手眼不协调、语言发展迟缓、讨厌被触摸、极端或异常胆小、反应迟钝、学习能力障碍等。

感统失调的儿童智力正常，但由于感觉统合能力不足导致其智力没有得到充分发展，尤其到了学龄期，在学习能力、性格发展、人际关系等方面都会出现问题。

儿童感统失调主要表现在以下方面：

身体运动协调方面：儿童穿脱衣服、扣纽扣、拉拉链、系鞋带等动作缓慢、笨拙。

平衡功能方面：儿童特别爱玩会旋转的游乐设施且不会晕，但对眼前的事物（如人、柱子、门、墙、桌子等），常常在看到后，仍会撞上。

听觉语言方面：儿童经常听而不闻，过分安静，表情冷漠又无故发笑，缺乏节奏感。

触觉防御方面：儿童对家人特别暴躁，到陌生环境则胆小、害怕；看电视常大叫或大笑等。

感统失调并不是通常意义上的病，无法通过药物治疗，如果儿童的情况比较严重，建议到专业机构进行系统训练。这方面的训练要由专家测查和诊断儿童的感觉统合失调程度、智力发展水平，然后有针对性地制订训练课程。每个儿童都是一个独特的个体，都有区别于其他个体的不同方面，即使是同样的表现，其原因也可能完全不同。因此，只有真正针对儿童个体问题开展的训练方案才会取得最佳的训练效果。

情况三：异食癖

异食癖，指儿童出现食欲倒错现象，在摄食过程中出现特殊的嗜好，如喜欢吃泥土、煤渣儿、纸张等，常常不听劝告，偷偷吞食。儿童由此出现食欲减退、疲乏、腹痛、呕吐、贫血和营养不良等情况。

异食癖具体的病因和发病机制目前尚不明确，一般有以下原因。

第一，营养元素缺乏。患异食癖的儿童血液和头发中锌含量明显低于正常儿童。他们对酸、甜、咸、苦四种味觉敏感度也明显低于正常儿童。一些患有缺铁性贫血症和钙、锌等元素缺乏的儿童，也会有异食癖的表现，当病症缓解或治愈后，异食行为也随之消失。

第二，寄生虫感染。儿童体内一旦发生寄生虫感染，就有可能引起异食行为。

第三，与心理因素有关。异食癖是一种失常的强迫行为，常与家庭环境不协调有关。婴儿刚出生时对客观世界的感知，最直接、最主要的途径是用嘴尝试和体验。儿童会在需求没有得到满足，或对某一事物特别好奇的时候，发生异食行为。如果儿童的养育状态异常，缺乏恰当的照料，乱吃东西时无人制止，任由发展，就可能最终发展成异食癖。

特别提醒

如果发现儿童有以上典型情况或类似情况，请家长们一不要惊慌，二不要讳疾忌医。

正确的处理流程：

注意观察

↓

认真记录儿童行为症状

↓

及时前往正规医疗机构确诊

↓

听从专业人士指导

↓

科学认识

↓

积极干预或治疗

第二章

充满好奇的幼儿

——4～6岁儿童心理健康发展的家庭教育方案

4～6岁阶段的儿童，经过三年的成长，已经可以进行初步语言交流，并能从事多种游戏活动。

这一阶段的儿童有几个明显的特点。一是能力依然有限，但自控能力和独立能力有了较大发展。儿童渴望独立参加社会实践活动的需求和实际从事独立活动的能力之间存在矛盾，游戏是解决这一矛盾的主要活动形式。二是心理发展方面，思维的具体形象性和行为的无意性占主导地位，思维的抽象概括性、对行为的有意控制以及想象能力逐步发展，对外在世界表现出强烈的好奇心和求知欲。三是开始形成最初的社会性倾向，能够初步评价自己的行为，并按成年人的要求掌握社会规范。

这一阶段，家长在积极培养儿童各项能力的同时，应注重培养儿童具备良好的个性品质、道德行为，使儿童的个性从人生初始就沿着正确的方向发展。

第一节 4～6岁儿童的心理发展特点及表现

这一时期是儿童正式进入学校之前的一个时期，一般称为学前期，也叫幼儿期。

家长要了解这个时期儿童的心理发展特点，做好相应的陪伴和家庭教育，为儿童的健康发展打好基础。

一、游戏——心理发展的最好活动方式

游戏是儿童基本的和主要的活动，由于游戏没有强制性，儿童可以凭借自己的喜好愉快地玩耍，在游戏中获得良好的情绪体验；儿童可以在游戏中认识新的物品，发展新的技能，提升创造性思维；在跑、跳、攀爬等活动性游戏中，儿童可以练习各种基本动作，提升协调能力，促进运动系统的发展。同时，儿童在游戏中体验社会交往、学会更好地理解他人的想法与情感。

随着幼儿想象力的发展，大量与社会实践有关的象征性游戏在这一时期出现，如过家家、当医生等。同时，由于

儿童的思维是具体形象的，他们大多喜欢听故事、看动画片，生动鲜明的具体形象能帮助儿童理解故事，在他们的头脑中留下痕迹，他们也会结合这些具体形象来创造游戏。

儿童可以独自设想出一些游戏，并制订游戏规则。他们很乐意和其他玩伴一起进行游戏，也可以自己一个人玩得津津有味。

在游戏中，儿童学习认识世界、体验现实生活、体验各种情感，游戏对他们很重要。因而，家长可以有意识地多和儿童一起做游戏，通过做游戏的方式为儿童情绪的自我调节作出示范，为今后更好地发展情绪调节能力奠定基础。同时，家长也要注意观察孩子在游戏中的表现，及时进行鼓励和纠偏，帮助孩子养成良好的品质。

二、言语发展——保护儿童的求知欲

幼儿初期儿童的言语表达具有情境性，想到什么就说什么，缺乏条理性和连贯性，言语过程中有时夹杂着表情和手势辅助。随着儿童语言表达能力的提高，以及活动和体验的增多，想要表达的事情也变多了。到幼儿后期，他们可以根据不同的交流对象调整自己说话的方式、内容、语气等，能跟成年人在同一个话题上进行较长时间的对话，所说的话也更易被成年人理解。

儿童对事物充满好奇心，探究世界的主动性和积极性很高，爱问“为什么”，经常会刨根问底，家长此时千万不要厌烦，如果答不上来可以想办法寻找答案，要保护好孩子的求知欲。这是广义的学习，从这点来说，所有的孩子都是爱学习的。

三、行为的无意性——儿童早期分心是正常的

这一阶段儿童有意控制自己行为的能力很差，在各方面都可以发现无意性，尤其在兴趣方面表现突出。幼儿的活动更多受兴趣支配，有兴趣时持续时间长，没兴趣时就走开，较少有意控制参与活动的时间。

这一时期儿童对情绪的控制能力也不强，表现出易冲动、易外露、易被感染的特点，情绪来得快，去得也快。

儿童经常分心，行为容易受无关因素的干扰，这都和这一时期他们心理活动、行为的无意性有关。家长要了解儿童的这个发展特点，不要着急。到幼儿期后期时，在正确的教育条件下，儿童心理活动及行为的有意性开始发展，稳定性渐渐增强。

大部分儿童到5～6岁时有了一定的自我控制能力，例如可以和成年人做好约定，在完成某件事情之后可以吃点心，而不是立即把眼前的点心吃掉；能够抵制诱惑，做到延迟满足。

四、个性初步形成——重视儿童的反抗表现

家长将行为规范传递给儿童，同时儿童自己也有选择地接收外界信息，开始形成独特个性。这一时期的孩子比较爱模仿，家长是儿童模仿、学习的榜样。因此，家长的言传身教特别重要。

差不多5岁时，儿童开始有了自己独立的自我评价，不过总体自我评价能力还很差。成年人的评价对儿童的自我评价很重要，家长对孩子的认可程度将直接影响孩子对自己的认可程度，过高或过低的评价都不利于儿童的个性发展。

自尊是儿童对自己整体价值的判断，是对自我能力的情感体验。和父母形成安全依恋关系的儿童，自尊感往往比较高。当自尊得到满足时，他们会感到自信、体验到自我价

值，有助于他们在未来取得好的学业成就，有更高的幸福感。如果在这时发现孩子有优势的地方，家长要注意鼓励，而对于不足的地方，可以提早对其进行教育调整。

这个阶段，很多儿童喜欢说“我长大了”，愿意自己动手做事，不太听家长的话。这时候表现出反抗的孩子，长大后更容易成为心理健康、性格独立的人，而没有反抗表现的孩子，性格上常会表现出优柔寡断或软弱。家长要保护孩子的这些特性，不要过度包办代替，在保证安全的情况下鼓励孩子大胆探索和尝试。

五、性别意识的发展——男孩女孩不一样

年龄较小的儿童能够理解男性和女性在生理特性上的区别，识别自己和他人的性别。此阶段的儿童主要通过某些外部特征，例如头发长短、是否穿裙子等来判断一个人的性别，因而有可能将一位长发的男性认成女性。到五六岁时，儿童理解性别不会随着外表或者行为改变，男孩就是男孩、女孩就是女孩，不会因为他们留什么样的发型、穿什么衣服而改变对性别的认知。

幼儿期是获得性别角色，即学习到为社会大众所认可的、与自身性别相适宜的行为方式的关键期，受基因、激素等生理因素以及个人经验和社会文化等因素的影响，男孩和女孩逐渐表现出各自对应性别角色的差异。

六、同伴关系——学习社交技能的开端

进入幼儿园之后，儿童认识了更多的同龄人，家长不再是他们唯一的依靠对象，他们开始主动寻求同伴关系。同伴关系在儿童的社会性发展中起着重要作用，这是成年人无法取代的。

在社会规则的要求下，儿童在这个阶段学会帮助、安慰他人，能与他人合作、分享。不过幼儿早期儿童攻击性行为比较多，常可能因为嫉妒、挫折等原因进行攻击，男孩可能比女孩表现出更多的身体攻击行为，而女孩会表现出更多的言语攻击。幼儿晚期儿童攻击性行为减少，能够更好地与人沟通。

同伴间发生冲突时，家长尽量教育、引导儿童自己应对，家长既不能对孩子过度保护，也不能过度干涉孩子之间的相处。对于儿童来说，冲突常常仅是冲突本身，并不具有成年人认为的人身攻击等复杂的意义。

儿童在与同伴交往中学习如何保持良好关系、解决冲突、合作与竞争等，是儿童学习社会交往技能的开端。好的同伴关系可以促进儿童的认知发展，满足儿童的社会交往需求，在与他人的互动中学会解决交往中的问题，获得归属感和亲密感，促进儿童健全人格的形成。

第二节 4～6岁儿童家长的必要行动

在了解4～6岁儿童心理发生发展的特点及表现之后，家长应根据儿童心理发展规律，结合儿童的实际，做好科学教育引导，以促进儿童身心健康发展。

一、思维培养，鼓励儿童大胆想象

对于儿童来说，身边的世界是陌生、新鲜与神秘的，他们对世界充满探索与求知的欲望。好奇心是儿童思维发展的基础，更是创造性思维发展的原动力。家长应以积极的态度，在生活中采取多种方式鼓励儿童大胆想象、勇于探索。

（一）开阔儿童的眼界

家长可以带儿童多接触大自然，引导他们留意身边的事物和现象。有条件的家长可以带孩子参观科技馆、博物馆、美术馆等公共文化场所，或者参加一些小发明、小制作等实践活动，通过这些活动开阔儿童的眼界、拓展想象空

间，以此提升儿童的想象力和思维能力。

（二）培养儿童的想象力

儿童喜欢听故事、看绘本。绘本常用轻松、幽默的方式表达儿童成长中的重要主题。因此，家长可以通过亲子阅读来培养儿童的想象力。家长要每天留出时间和孩子进行亲子阅读，读书或讲故事时，不仅要让孩子听，还要提出问题让孩子思考，鼓励他大胆想象不同的答案，还可以引导孩子自己编故事等，这些都可以提高儿童创造性思维的发展。

（三）鼓励儿童自由游戏

游戏不仅是儿童的天性，也是他们重要的学习方式。

在陪伴儿童玩游戏时，家长可以有意对儿童进行想象力和思维训练。例如，游戏情节中断时，家长鼓励儿童对游戏情节的发展大胆提出新设想；当游戏材料短缺时，带领、引导儿童想一些独特的办法来解决问题等。

（四）善待儿童的奇思妙想

当儿童有自己的想象时，父母要积极引导、鼓励，不要表现出不耐烦，或者嘲笑儿童的天马行空，哪怕是开玩笑式的嘲笑也不妥当，因为儿童有时并不能完全分辨清楚家长所要表达的意思。

只有保护好儿童的好奇心，儿童才能保持强烈的探索欲望，敢于表达自己的想法，从而带着创造力成长。

二、性别角色意识的培养

这一阶段的儿童已经被家长告知自己是男孩还是女孩，正确、恰当的性别角色培养十分重要，它会帮助儿童形成健全的人格，为进入青春期后正确处理两性关系打下坚实基础。

在儿童性别角色发展中，家庭教育起着奠基作用。

（一）对儿童进行性别启蒙教育

自儿童出生起，家长就开始了对儿童性别角色意识的培养。这一阶段，家长可通过绘本故事、游戏等有意识地帮助儿童了解自己的身体、了解身体的秘密以及男女的生理差异，让儿童对自己的性别有明确认知，帮助建立自我保护意识。

（二）为儿童创造认知性别差异的家庭环境

父母平等相处、互相支持、展现各自的性别优势以及两性互补作用的家庭，儿童会更容易了解、模仿家长的性别特点。

如果是单亲家庭，缺少双性别环境，以单亲妈妈为例，家长要多安排儿童与姥爷、舅舅等男性角色接触，以补偿因父亲缺失而造成的性别角色教育空白。

（三）在游戏中让儿童对性别角色产生全面认知

父母在家庭日常游戏中不做决定性分工，可以让女孩扮演飞行员或卡车司机，让男孩做家务等。

儿童倾向于和同性别伙伴一起玩游戏，家长可以创造更多机会让儿童与异性朋友玩耍、合作。美

好的品格不分性别，如勇敢、坚强同样可以是女孩的品格，而温柔、细心也可以是男孩的品格。家长要引导儿童向异性学习，以促进儿童身心的全面发展和人格完善。

（四）注意避免不当的性别观念影响儿童

生活中，有些家长会表现出更喜欢男孩或女孩的倾向，这是一种不当的性别观念。如果日常行为教育中，常有不当的性别观念影响，儿童很容易对自己的性别角色产生错误认知，造成心理上的混乱。家长一定要避免用带有偏向性的性别观念影响儿童。

三、识别儿童情绪，做好情绪调节示范

儿童可以快速地表现出丰富的情绪来回应各种情况，这些情绪既包括兴奋、喜悦，也包括愤怒、恐惧、悲伤和内疚等。情绪本身无所谓好与坏，但负性情绪常会给人带来消极体验。

情绪是儿童内心变化的外在表现，家长要识别儿童负性情绪背后想表达的是什么，并且做好情绪调节的示范，帮助儿童应对负性情绪。

（一）应对生气、愤怒等负性情绪

当儿童生气时，父母可以在保持自己情绪平稳的情况

下陪在儿童身边，向他表达“我听到了，我知道你是那么想的”“看到你这么生气我很难过”这类语言；父母要让儿童知道，他们能够接纳儿童的情绪，并尽量去理解。这会让儿童感到“我的情绪被看到”，从而缓解愤怒情绪。

有时儿童非常生气，会说：“走开，我想一个人静一静！”父母日常在家中可以让儿童布置自己的安全角落，比如提前划出自己的安全岛等，当儿童想静一静时，请他们去安全角落平复心情。过一会儿，父母再去抱抱儿童，和儿童谈谈刚才发生了什么。儿童会在这样的情绪处理中，学习应对负性情绪的方法。

（二）应对恐惧、悲伤等负性情绪

当儿童面对恐惧、悲伤等负性情绪时，家长可以帮助儿童把令他们不安的事情讲出来。讲述的过程会在一定程度上减轻他们的无力感，同时家长的回应也会让儿童从不良的负性情绪中找到安慰和确定感，从而慢慢摆脱这些负性情绪。

（三）为儿童情绪自我调节作出示范

家长可以这样表达：“我感觉今天自己的脾气很不好，为什么会这样呢？可能我因为工作而烦恼，发脾气并没有什么用，现在我要做几次深呼吸，调节一下我的情绪，不要被烦恼影响到。”在这样不露痕迹的示范下，随着时间的流逝，儿童可能开始模仿父母的行为举止进行情绪调节。

四、建立规则意识

随着儿童交往范围的扩大，他们已经需要明确遵守一些规则，如日常生活规则、游戏规则、交往规则等，建立规则意识并不是靠儿童自学就能达到的，而是需要家长的引导和帮助。家长日常要有意识地帮助儿童建立规则意识。

（一）家长要做好榜样

儿童的学习能力、模仿能力在成长过程中已经开始发展，在儿童还不能准确理解规则的概念和意义的时候，或许已经在遵守或破坏某些规则了。而“遵守”或“破坏”常常是家长影响的结果。如果家长随手扔垃圾，儿童也会这样做；如果儿童随手扔垃圾，家长第一时间捡起并纠正儿童的错误行为，儿童就会认识到“不能随手扔垃圾”的规则。因此，在树立规则意识时，家长要以身作则，做好榜样。

（二）帮助儿童了解规则的作用以及违规的后果

对于这一阶段的儿童来说，家长可以通过游戏来讲解规则。比如，家长可以和儿童一起表演如何遵守规则、违反规则会带来什么后果等情景，这会让儿童在游戏中通过形象、直观的表达，接受规则的内容、理解规则的意义，从而更好地执行各种规则。

（三）处理规则执行过程中的问题

即使儿童明白违反规则的后果，依然会犯错。面对这种情况，家长可以提前和儿童商定好奖惩方式，如在某段时间内规则持续执行得好，即可获得适当奖励。当然，日常的肯定和鼓励也必不可少。而违反规则，则需要被惩罚。惩罚是为良性转化，帮助儿童以后减少违反规则的概率。做到奖惩分明，才能培养儿童知错就改、为自己的行为负责的品质。规则执行过程中，所有家长态度要保持一致，保证规则的严肃性。

五、构建平等、温暖的家庭氛围

平等、温暖的家庭氛围对儿童能力的发展至关重要。

（一）平等对待儿童

父母要摆正态度，不要宠溺儿童，也不要忽视和苛责，给儿童表达意见和意愿的机会。对于这一年龄阶段的儿童，可以在一些小事上，比如安排出游的时候，让儿童发表意见、表达意愿等，及时肯定和赞扬儿童。对于儿童好的行为表现和优点，要及时表扬鼓励，同时对其不当行为也要及时纠正。

（二）营造温暖的亲子时光

父母可以和儿童一起游戏、一起运动，也可以一起散步、亲子共读等，一家人放松地进行交流，享受彼此的陪伴，一起愉快地享受生活的乐趣。在家庭中充满笑声，日常相处中充满快乐，儿童会感到温暖、舒适、安全。事实上，当儿童感到安全时，父母的指导、规定、价值观等更能被儿童接受，并对他们产生影响。

（三）恰当处理夫妻之间的争执

夫妻争执不可避免，恰当处理争执以及由争执引发的负性情绪，非但不会对儿童产生消极影响，还会给儿童作出好的示范。

（四）父母是可以向儿童道歉的

父母无法永远保持和蔼，也会有负性情绪，会烦躁、缺乏耐心。若父母对儿童的回应方式欠妥，可以向儿童真诚道歉。不存在“父母永远是对的”这样的观点，父母也没必要认为自己是“权威”角色而放不下身段。与儿童犯错一样，道歉针对的是事情本身，并不影响儿童对父母的爱。

第三节
4～6岁儿童常见行为问题及应对方法

每个年龄阶段的儿童都会出现一些比较普遍的行为问题，让家长备受困扰。家长需要找到问题成因，掌握科学方法，正确处理应对。

问题一：儿童入园适应困难怎么办

（一）行为解读

儿童到了三四岁会陆续离开家庭小环境，进入幼儿园。很多儿童在最初进入幼儿园时都会哭闹和拒绝。大部分儿童经过若干次哭闹、抚慰、坚持之后，慢慢适应了幼儿园的生活，也有部分儿童较长时间仍然无法适应。从心理学的角度说，这是儿童初次面临分离焦虑，体现为入园适应困难。

分离焦虑指婴幼儿因与亲人分离而引起的焦虑、不

安、紧张、恐慌或不愉快的情绪反应，又称离别焦虑。

分离焦虑一般分为三个阶段：

反抗阶段——号啕大哭，又踢又闹。

失望阶段——仍然哭泣，断断续续，吵闹减少，不理睬他人，表情迟钝。

超脱阶段——接受外人的照料，开始正常的活动，如吃东西、玩玩具，但是看见家长时又会出现悲伤的表情。

产生分离焦虑一般有如下原因。

1.成年人与儿童关系的改变

儿童入园之初，见到的老师和小伙伴是陌生的面孔，容易使儿童感到不安全。由于幼儿园是集体教育，师生比例为1∶15或者1∶20。也就是说，一位老师负责照顾15～20名儿童，这和儿童在家中“一对一”“多对一”的关照环境有天壤之别。被注意、被关怀、被满足的程度骤然变化，这会让儿童产生较大心理落差，部分儿童情绪表现强烈。

2.生活规律和生活习惯的改变

幼儿园有相对固定的一日生活时间表，儿童在家中的生活规律并不一定与此相符。有的家庭生活作息比较随意，一切以儿童的意愿为中心。有的儿童甚至有一些不良的生活规律和习惯，如晚上熬夜、早上睡懒觉等。

3.陌生活动环境的影响

当儿童初次踏入活动室时，活动室的环境对他来讲是完全陌生和新鲜的。无论是桌椅的摆放，还是盥洗室的设备等都与家中不同。这在使儿童感到好奇和新鲜的同时，也会引起他的恐慌和不安。如有的幼儿在家中大便时使用坐式的便盆或者抽水马桶，而幼儿园则是采用蹲式的便

坑，儿童感到不适应而引起心理上的压力。

4.要求提高产生压力

在幼儿园中，老师要求儿童具备一定的独立和自理能力，包括自己吃饭、自己穿脱衣裤、自己上床睡觉、能控制大小便、遵守一定的规则等。这些要求都可能使儿童感到一种挑战和压力。

5.个体差异

不同的儿童，因内外各种因素的影响，会形成个体差异。比如，有些儿童性格“慢热”，对新环境适应比较慢，入园后要面对生活自理、结交新朋友、适应新规则等一系列新任务，导致适应困难。

（二）应对方法

通常而言，儿童的幼儿园适应困难不会持续太久。家长要保持平和心态，采取积极措施，帮助儿童尽快克服分离焦虑。

1.做好儿童入园的准备工作

幼儿园是儿童第一次步入较正规的集体生活环境，对培养儿童社会适应能力起决定性作用。师幼关系和班级气氛会对儿童心理产生重大影响，其中老师是关键。在儿童入园前，父母可有意识地多带儿童去幼儿园，熟悉其周围环境和老师。经常把儿童带到幼儿园看看、谈谈、玩玩，让他们观察幼儿园里其他小朋友的游戏活动等，家长还可以放手让儿童玩，让老师抱一抱、亲一亲，让儿童熟悉新的声音，使他们喜欢上幼儿园及幼儿园里的老师、小朋友。

在儿童入园前，家长应该给予其生活技能上的指导，如要求他坐在桌子旁自己吃饭、不能在吃饭时随意走动等，指导儿童试着在大小便时自己脱、提裤子，自己洗手，自己睡觉，认识自己的物品等。有意识地培养儿童的独立性，培养他们简单的生活自理能力，使儿童觉得自己长大了，缩小家、园生活的差异，使儿童更适应幼儿园生活。

2.有针对性的区别对待

每个儿童的个性特点和所受的教育、环境各异，以至于他们的分离焦虑表现也各不相同。那么，我们也应该根据儿童各自的特点对症下药。比如，可以为儿童准备一本他喜欢的故事书、一个他喜欢的玩具陪伴他去幼儿园。这些物品在儿童与家长之间建立起一种连接，会降低儿童的不安全感。

3.通过角色扮演帮助适应

家长提前了解幼儿园生活情况，在家中借助角色扮演游戏，模拟幼儿园的生活场景，帮助儿童学习必要的技能，做好入园心理建设。

比如，家长可以带儿童演练在幼儿园可能遇到的问题，包括如何表达自己的需求、如何学会分享玩具、如何与小朋友合作、如何请求老师帮助等。家长可以扮演幼儿，设置相应场景给儿童做示范；示范之后邀请儿童自己体验，及时给予儿童鼓励。通过这样体验式的练习，等儿童对幼儿园生活有了掌控感后，焦虑就会减轻。

4.用事后回忆消解不安

一天的幼儿园生活结束后，家长可以营造一个温馨、轻松的氛围，引导儿童回想这一天所发生的事情，表达出令他们感到高兴、害怕或不安的事情。通过与儿童平静的对话，发现他们心中真实的想法，进而进行有针对性的引导和开解。

5.家、园配合，保持密切联系

家长与幼儿园要保持密切联系。一方面，家长要让幼儿园老师了解儿童的个性特点和生活习惯，便于因人施教。另一方面，家长应主动配合幼儿园，改变儿童家庭生活的随意性，制订与幼儿园相仿的作息制度，培养儿童良好的生活卫生习惯，提高儿童的人际交往技能，缩小家、园生活的差异，使儿童更适应幼儿园生活，缓解儿童的分离焦虑。

温馨小贴士

入园适应不要急，家长安心做在先。
模拟演练不可少，鼓励示范过难关。

问题二：儿童经常打架怎么办

（一）行为解读

儿童经常动手打架，一般有如下原因。

1.表达愤怒情绪

当儿童有愤怒情绪时，攻击性行为、言语会爆发出来，动手打架是常见的攻击性表达。愤怒情绪的来源有很多可能，有些儿童是当自己的物品被别的小朋友拿走时，在争抢中推搡、抓挠别人；有些儿童会有“打抱不平”的想法，看到别的小朋友欺负人，就会冲过去动手打架等。

2.模仿行为

当家庭成员习惯用暴力解决问题时，儿童就会学到这样解决问题的方式。一些动画片或电子游戏中有暴力行为或场景，在得不到家长正确引导的情况下，儿童会将暴力行为带到生活中。

3.被误解的肢体接触

有些儿童在与同伴相处时，习惯用肢体接触进行表达，但由于有时掌握不好轻重，会被误解为打架行为。被误解的打架行为，并不具有攻击性，家长应正确区分和判断。

（二）应对方法

1.理性面对，判断原因

无论是在儿童动手打架的现场，还是事后得知，家长都要保持冷静，切忌不分青红皂白批评儿童，要先听听儿童怎么说，了解清楚事情的来龙去脉，再进行处理。这个年龄阶段的儿童，一般并非主观恶意打架，可能有自己的委屈，也可能不太懂得如何表达情绪。家长正确的处理方法是了解情况，作出有针对性的引导和教育。

2.帮助儿童学习应对冲突的技能

不管出于什么原因，打架的行为是不被鼓励的。儿童遇到问题通常表明需要学习一些新的应对技能。应对冲突时，家长要帮助儿童学习两个技能。

一是“生气时控制手、脚、头”的技能。这个年龄的儿童，不能完全理解大人说话的含义，如家长说“不许动手打架”，他记住了不许动手，但可能会用脚踢、用头撞等，所以一定要向儿童准确说明。学习技能时，家长要调动儿童的参与感，可让儿童给要学习的技能起一个名字；找一个儿童喜欢的“魔法宝贝”来支持、提醒他；可以联动老师，共同参与，提醒和鼓励儿童。

二是用语言处理冲突的技能。学会表达“你这样做，我很不高兴”等，让儿童体验这样表达时他能感受到的良好效果。学习和训练需要时间，坚持学习和锻炼，并采用正向激励，儿童的不良行为是可以得到纠正的。

3.处理被模仿行为的源头

如果家庭中有暴力行为发生，被儿童模仿，那么全家都要进行调整，不能只让儿童调整，其他人无动于衷。全家的调整也会给儿童带来好的示范作用。

对于儿童通过社交平台模仿暴力的情况，家长日常要做好媒介工具使用的监管，引导儿童正确认识暴力行为的危害，远离暴力行为的影响。

温馨小贴士

儿童急了总动手，家长来把原因寻。
情绪控制要训练，好的行为多体验。

问题三：儿童有很强的嫉妒心怎么办

（一）行为解读

嫉妒是人类的一种原始情感，是人类心理活动中动物本能的表现，具有一定的普遍性，也就是说，每个人都会有嫉妒之心。

儿童的嫉妒反应是直观、真实、自然的，它是儿童对自己愿望不能实现而产生的一种本能的心理反应。日常生活中，儿童独占类嫉妒比较常见。在这种嫉妒心理的作用下，儿童不能容忍身边亲近的大人疼爱别的儿童，当看到大人疼爱别的儿童时，往往会表现出不满、哭闹、反叛等。还有一种敌对类嫉妒，即对获得家长、老师等表扬的其他儿童怀有敌对情绪；或者对拥有比自己玩具、零食多又不和自己分享的伙伴表示排斥，甚至可能损坏同伴的玩具等。

这一阶段儿童的思维发展常常表现出以自我为中心的特点，加之受少子女家庭环境的影响，容易形成唯我独尊意识，被爱、被关注的心理需求强烈，一旦有竞争和比较，嫉妒心理就会凸显出来。一般的嫉妒是人的正常情绪反应，但是，如果儿童带着强烈的嫉妒心理长大，会演变为人格的一部分，由此带来的后果往往是过度的竞争、对立，甚至攻击。这就需要家长在儿童早期出现不良倾向的时候，予以科学引导和干预。

（二）应对方法

嫉妒心理无法完全克服，但可以引导儿童将其进行良性转化。

1.耐心倾听儿童的心声

家长不要对儿童的嫉妒行为产生反感，要耐心倾听儿童的心声，懂得他的烦恼。这样处理，一方面让儿童因嫉妒

产生的不良情感得到宣泄，另一方面家长也从具体事情上了解儿童嫉妒产生的原因。这是调整儿童嫉妒心理的前提。

比如，在二胎家庭，家中二宝出生后引起大宝的嫉妒，这种嫉妒与家庭之外的嫉妒不同。家长要及时表达对大宝的爱，同时让大宝帮助家长一起照顾二宝。当大宝确认家长对自己的爱之后，帮助照顾二宝的责任感与价值感会在很大程度上取代嫉妒，不再引起过激反应。

2.积极的方式化解嫉妒心理

理解和接纳儿童的嫉妒情绪，并不代表支持嫉妒带来的行为。家长应注意引导儿童理解人与人之间客观存在的差异性，可以通过日常生活实例、绘本故事等，帮助儿童懂得每个人都有优势和劣势，引导儿童学会欣赏他人的优势和特长，学会充分发挥自己的长处，将嫉妒转化成动力，用积极的方式去赢得欣赏。

3.擅用鼓励和肯定

家长的肯定与赞赏会带给儿童自信。自信的儿童能明确自己的优势，不会过多地表现出嫉妒。在表达对儿童的肯定和赞赏时，尽量表达具体、明确，笼统地表达“宝贝你真棒”，孩子不能具体感受到自己到底哪里做对了。如果换成“你今天主动把自己的玩具分享给小朋友，这点做得特别棒！”孩子就能准确把握自己到底哪里做对了、下次应该怎么做。这样的鼓励和肯定，效果是最佳的。

温馨小贴士

儿童嫉妒莫反感，理性对待是关键。
发扬长处避缺点，转成动力勇向前。

问题四：儿童不能自我控制怎么办

（一）行为解读

大部分儿童到5～6岁有了一定的自我控制能力，即不依赖于外界的监督能够有效控制自己的行为。

自我控制能力是人类重要的心理品质，其发展水平的高低直接影响一个人将来对社会的适应程度。人的成长中有很多诱惑，以儿童的成长来说，手机、游戏等就十分考验儿童的自我控制能力。

研究表明，幼儿期是儿童自我控制能力发展的关键期。儿童自我控制能力的发展可预期他们的儿童期、青春期和成年后的学业成绩、社会能力。自制力属于意志范畴，需要后天的培养和锻炼，因此家长要加强对儿童自我控制能力的训练。

（二）应对方法

1.训练儿童的延迟满足能力

延迟满足是自我控制能力的核心部分，对儿童自我控制能力的训练，要在提升他们的延迟满足能力方面多下功夫。

延迟满足，就是为得到以后更有价值的东西，能够忍住本能的欲望，愿意延缓立即能得到的奖励。

日常训练时，家长可以通过游戏进行引导，如大家一起玩拼图、角色游戏等，要严格按照规则轮流玩，没有轮到自己时要耐心等待。儿童在家中比较放松，常会耍赖、不遵守规则，家长这时候一定要注意坚守规则，训练儿童的延迟满足。

家长也可以教儿童学会不去想渴望得到的东西，或把那些诱人的东西想象成不能吃、不能玩的东西也是有效的办法，如把糖果想象成石子等。自言自语的自我暗示也可以抑制外界的诱惑，提高自我控制水平，如可以训练儿童自己对自己说“我能忍住，我现在不需要它”等类似的话。

训练时，家长的鼓励必不可少，如家长可以说：“我知道你很有耐心，为了得到一样好东西愿意等待。”积极鼓励会让儿童更加努力坚持。同样地，家长的榜样作用也很重要。

当然，延迟满足的落脚点还要在“满足”。如果儿童付出了努力、信守了承诺，家长也要说话算话，尽量满足儿童。

2.家长要随环境的变化帮助儿童调节自我控制的程度

一般来说，家长对自我控制能力过低的儿童比较担心，因为他们容易分心、无法延迟满足、易冲动，所以要加强对他们的训练。

然而，过度自我控制的儿童也要引起家长注意。这些儿童常常是家长眼中的乖宝宝，他们很听话、很少惹麻烦，所以很容易被忽视。过于听话的儿童对新环境缺乏探究兴趣，没有主见，当然也没有太多的情绪表达，这对儿童的成长来说并不是好现象。

家长在训练儿童自我控制能力时，要注意随环境的变化帮助儿童进行调节。在需要控制时，能有一定的控制能力；不需要控制时，能放松自己，表现出很强的灵活性。随着儿童的成长，这些调节方式会内化，成为他们自觉遵守的规则。

温馨小贴士

自我控制要训练，延迟满足作用大。
调节一定要适度，灵活应变伴成长。

第四节 4～6岁儿童需要专业帮助的情况

通过以上内容，家长可以应对这一阶段儿童在成长发育过程中的一些常见问题。但还有一些特殊情况，需要家长引起注意，必要时应求助专业医疗机构或训练机构。

下面，我们选取这一年龄阶段儿童较为多发或应引起家长注意的情况，予以提醒。

情况一：多动症

多动症，学名为注意缺陷多动障碍，是儿童常见的精神行为障碍之一。

多动症的具体表现为：

1. 注意力不集中，注意持续时间较短，在玩游戏时也不专心；对各方面的刺激都有反应，不能将无关刺激过滤掉。

2.过度活动，如看书看不了几页就换一本或者在书上胡涂乱画，坐在椅子上无法保持安静；喜欢招惹别人；凡是能碰到的东西总要碰一下等。

3.情绪冲动，经常无故大喊大叫；没有耐心，有什么需要就要求立即满足；冲动任性，常会有一些破坏行为。

4.进入学龄期的儿童会有学习困难。

当儿童出现以上情形时，家长要引起注意，应请教专家加以诊断和相应的治疗。

多动症的诊断不是一件简单的事，目前儿童多动症尚无明确的病理变化作为诊断依据，主要以儿童家长提供的成长史、家长和老师提供的日常表现等为参考，以体格检查、精神检查为主要依据。

多动症由生物、心理、社会等诸多因素引起，因而要进行综合治疗。整合专业心理咨询、家庭教育咨询、学习社会化技能、感统训练、环境配合等，严重时需要遵医嘱配合药物治疗。如果能长期合理治疗，一般到成人期预后良好。

日常生活中，家长要注意不要随意给儿童贴标签。好动是儿童的天性，有些儿童可能只是习惯不好或家长要求过高、限制过多等而表现出多动，是否是多动症要以医生诊断为准。

情况二：夜惊症

夜惊症是一种常见的儿童睡眠障碍，指儿童在夜间睡眠时突然受到刺激而惊醒，会反复出现极度恐惧和惊恐动作，并伴有强烈的语言、动作和自主神经系统的高度兴奋。

夜惊症通常在夜间睡眠后较短的时间内发作，儿童在睡眠中可能出现惊叫、哭喊、表情惊恐，常伴有心动过速、呼吸急促、皮肤潮红、出汗、瞳孔扩大、肌张力增高等自主神经兴奋性表现。发作持续的时间一般在10分钟以内，通常很难唤醒儿童。如果强加唤醒儿童，其表现为定向障碍，不知道自己在哪里、不认得家人等。

夜惊症发作的时候通常不伴有梦境，儿童通常不能够回忆起发作过程。这种症状会影响儿童夜间的睡眠质量，不利于儿童的生长和发育。如果时常出现，也会影响儿童的精神状态。

当儿童出现明显的夜惊症状，但白天没有异常时，家长最好先观察几天。如果发作不频繁，只是出现过一两次，不需要进行治疗，家长只需做好日常照护；白天合理安排活动，让儿童不要太疲惫；睡前不要过于兴奋或精神紧张，让儿童放松舒缓地入睡。如果夜惊每晚都发作，发作时表现严重，而且持续3周以上，要及早治疗。治疗首选心理和行为干预，部分症状严重的儿童可以使用药物进行辅助治疗。

情况三：遗尿症

遗尿症，常见于5岁以上的儿童不能自主控制排尿，经常睡中小便自遗，醒后方觉的一种病症。一般情况下，儿童在3～4岁开始控制排尿，如果5～6岁以后还经常性尿床，每周2次以上并持续达6个月，医学上就称为遗尿症。遗尿症是一种常见病，在我国男孩比女孩患此病的概率高。

排除疾病引起尿床的原因，原发性夜遗尿的确切病因尚不清楚，但影响因素有很多，如排尿训练不当。父母夜间不唤醒儿童，甚至有些父母在儿童躺在床上睡眠时帮他们排尿，造成儿童睡眠中排尿的习惯，久之容易发生夜间尿床。另外，强烈的精神刺激、神经生理功能发育延迟等都可造成儿童遗尿。

继发性遗尿如果不是由于明显的身体器质性原因引起，则可能与白天疲劳程度、家庭环境、对新环境的适应性等因素有关。

儿童遗尿症通常可以通过行为矫正疗法进行治疗，严重时配合药物辅助治疗。在治疗中，家长除了遵从专业指导帮助儿童外，更重要的是要照顾到儿童的自尊心。遗尿症会给儿童带来痛苦甚至受歧视的感觉，家长要多劝慰、鼓励儿童，少斥责、惩罚，减轻他们的心理负担，这是治疗成功的关键。

特别提醒

如果发现儿童有以上典型情况或类似情况，请家长们一不要惊慌，二不要讳疾忌医。

正确的处理流程：

注意观察

↓

认真记录儿童行为症状

↓

及时前往正规医疗机构确诊

↓

听从专业人士指导

↓

科学认识

↓

积极干预或治疗

第三章

小学培养好习惯

——7～12岁儿童心理健康发展的家庭教育方案

7～12岁的儿童，告别了幼年阶段，进入小学接受系统教育，这是儿童心智发展的重要时期。幼儿园时期的心理发展为他们在学校的学习、生活奠定了基础，他们初步掌握了社会行为规范，学会与同伴或成人相处，能够很好地表达自己的想法。

此阶段儿童的发展特点主要体现在以下几个方面。一是学习开始成为主导活动，儿童在校内外的学习和活动中，各项能力得到充分发展。二是思维开始从以具体形象思维为主要形式过渡到以抽象逻辑思维为主要形式，实现了思维过程中的质变。三是社会自我逐步形成，社会性认知逐渐趋于客观，社交范围变广，逐步形成道德行为习惯。此外，小学低年级的儿童还具有一些学前儿童的心理特点，而小学高年级的儿童则随着生理年龄的变化，逐渐步入青春发育期。

这一阶段，家长应帮助儿童形成良好的学习和生活习惯，做好亲子间的交流与沟通，帮助儿童培养良好的心理品质。

第一节
7～12岁儿童的心理发展特点及表现

这一时期儿童进入学校，成为一名小学生。此阶段儿童的思维、学习能力、个性特点以及社会适应等方面都在迅速发展。

10岁之前是儿童心理发展、个性形成的关键期，同时，小学时期也是发展智力的好时机。小学生的心理发展具有较大的可塑性，不同的教育方式会影响他们的性格发展及行为习惯。家长要了解儿童的心理发展特点，适时调整自己的教育方式。

一、学习——小学生最主要和最重要的活动形式

进入小学，学习成为儿童最主要，也是最重要的活动形式。与幼儿期的游戏相比，此时的学习带有强制性，使得小学生的生活发生了很大变化。刚进小学的儿童需要适应新环境和新规则，完成从幼儿园小朋友到小学生的角色转换。对于一些适应新环境比较慢的孩子，家长要了解他们的困

难，与老师合作，帮助孩子度过这个转折期。

在学习中掌握知识和技能、提升学习能力、学会遵守规则，对儿童身心成长、适应社会具有重要意义。儿童学习的动机、兴趣、态度、学习策略、家庭和社会文化等都会对儿童学业成绩产生影响。

学习是一种主动的行为，儿童学习的动机会直接影响学习成绩。儿童的年级越低，学习的动机越具体，如为了得到表扬和奖励而学习，或者为了不落人后等。高年级儿童的学习动机逐步向内部动机转化，即对学习本身感兴趣，如想要探究某个现象的本质、发现做某件事情的乐趣等，这也就是我们常说的有了学习的内驱力。

低年级的儿童更多关注学习的过程是否有趣，更喜欢与具体事物相关的内容，对不同学科的兴趣基本没有差异。一般从三年级开始，儿童的学习兴趣产生分化。引起学习兴趣分化的原因既有儿童自身兴趣因素，也可能与老师的教学水平有关。家长要特别留意这一点，对儿童的学习兴趣做好科学引导。

在学习活动中，儿童逐渐形成自己对于学习的态度，良好的学习态度有助于儿童提升学业水平。小学儿童对老师有着特别的尊敬和依恋之情，除了老师本身的授课能力，老师的管理方式、与学生的互动方式等都会对儿童的学习态度产生影响。同时，儿童作为班集体的一员，会看重班集体的舆论和评价作用。由于对班集体、对学习的责任感不断增强，儿童的学习质量也会不断提高。此外，儿童对于作业和评分的认识也会影响对学习的态度。当儿童明白布置作业的用意和评分代表的含义，对学习会更加认真、主动。

随着年龄增长，儿童逐渐摸索出适合自己的学习方法。低年级儿童的策略较为简单，主要按照老师的要求进行学习。随着儿童注意、记忆、言语等能力的发展，以及受到学校教育的影响，他们能够判断哪些是重点内容，也掌握了一些学习的策略，比如通过有意识地重复诵读和书写、联想记忆、通过网络和课外书籍补充相关知识等方法，帮助自己更好地学习。

进入小学，家长要帮助儿童合理安排时间，养成好的学习习惯。在儿童表现好时，家长的肯定或鼓励，可以激发其学习动力。

二、自我评价和自尊——学业成绩不是唯一标准

小学时期，儿童进一步加深了对“自我”的认识，对自己的评价判断也更加客观。他们在描述自己时，不仅可以描述自己的外部特征，也逐步学会用比较抽象的概念描述自己的心理特征。

这一时期的儿童有了一定程度的独立自我评价能力，自我评价也细化到能对自己的优点和缺点进行全面评价，不同方面重要程度会有所不同，例如他们可能会评价自己虽然跑的速度不是很快，但是有很多好朋友，拥有朋友比跑步速度快更重要。此外，儿童开始进行一些抽象的、内在的评价，比如是否是一个诚实、热心的好孩子等。到了高年级，儿童能比较客观地评价自己，与成年人、同伴的评价基本一致，评价的稳定性也逐渐加强。

小学期间，儿童开始把社会认可的标准规范内化成自己的行为准则。社会规范普遍认为小学儿童应该以学习为主，因此当在学业上取得一定成就时，儿童容易获得自尊感。高自尊的儿童对自己的评价大多比较积极，遇到困难时愿意尝试新的方法；相反，低自尊的儿童容易进行自我批评，遇到问题可能会选择放弃。

家长要注意以全面的、发展的眼光看待孩子的学习成绩，不要将其作为评价孩子的唯一标准，要保护好孩子的自尊。

三、社会交往——开始面临复杂的人际关系

进入小学后，儿童的社交范围变得更广，每天除了与父母家人、老师和同班同学进行交流，课外活动中也会与各种人群打交道。

小学儿童与同伴交往的时间更多，他们需要自己处理交往中发生的状况，自己作出选择和决定。在与其他人的交往过程中，儿童会明白哪些行为不容易被他人接受、哪些行为是被允许的。同时，他们会发现许多人跟自己是不一样的，大家有着不同的目的、想法、爱好、习惯等。儿童会根据自己的发现调整交往方式，掌握一定的交往技能。

低年级儿童主要通过外部因素选择谁来当自己的朋友，例如能够玩到一起、住得比较近等。高年级儿童对友谊开始有了较为深刻的认识，认为朋友之间应该相互帮助、相互信任等。他们对同伴支持的需要增加，尤其是女生，开始更多向朋友而不是成年人倾诉自己的心声，通过这种方式建立起亲密的友谊。与此相伴随的，儿童关于友谊、人际方面的烦恼也开始增多，家长在这方面要尽早注意。

低年级儿童常常把父母和老师当作权威，尤其对老师充满崇拜、敬畏，老师说的话比家长的话更重要。随着年龄的增长，到了11～12岁时，儿童认为权威关系是合作性的，是由双方同意而建立的。儿童可能不再无条件地听老师和父

母的话，开始对不同的老师表现出不同的喜好，一定程度上减少了对父母的依赖。

四、思维、言语、情绪——呈迅速发展态势

进入小学阶段，低年级儿童还是以具体形象思维为主。比如刚上一年级的小学生，可能还需要通过数学教具学习数数、进行加减法计算。从10岁左右开始，儿童的思维水平逐渐过渡到一个新的发展阶段，开始以抽象逻辑思维为主。这时，他们可以在大脑中进行推理和抽象运算，不用教具就可以计算简单的方程式和解应用题。

这一时期儿童的内部言语也有所发展。内部言语指的是在脑海中进行的自我对话，是在外部言语的基础上产生

的。小学期间，儿童从出声思维过渡到自言自语，最终发展到内部言语。儿童可以默读课本或试卷题目，思考数学题的解法，或者考虑某些事是否可以做，这些都是通过内部言语实现的。儿童的内部言语还不像成年人那样发达，但他们已经可以在学习和生活中通过内部言语进行自我调节。

进入小学后，多样化的学校生活丰富了儿童的情绪情感体验，他们的情感表达更加多样，情绪的稳定性和可控性不断增强。

小学低年级儿童在对他人的情绪识别、理解情绪产生的原因等方面已经达到较好的水平。高年级儿童基本克服了思维上的自我中心性，能够站在他人的角度，通过他人的观点来理解思想与情感，体现出较强的同理心，能更好地对他人的情绪作出应有反应。

高年级儿童能够较好地控制和调节自己的情绪，有些情绪已经开始内化。他们也意识到在某些环境中表达情绪可能会带来的后果，例如在公共场合受到委屈时能够忍住不哭，能耐心哄弟弟妹妹而不是对他们吼叫等。

总而言之，小学生还没有面临较大的学习和生活压力，他们基本处于快乐、平静的情绪状态。

第二节 7～12岁儿童家长的必要行动

了解了7～12岁儿童的心理发展特点及表现之后，家长在养育儿童的过程中，要根据儿童发展规律，结合儿童的实际，做好科学教育引导，促进儿童心理的健康发展。

一、帮助儿童养成良好的学习习惯

小学阶段是儿童养成良好学习习惯的关键时期、最佳时期。作为学校教育的补充，家长应在家庭教育中帮助儿童养成良好的学习习惯，为终身学习打好基础。

（一）帮助儿童养成良好的时间管理习惯

儿童放学回家后，家长可以与儿童一起列出当天的任务清单，根据日常的观察来预估任务完成所需要的时间，与儿童一起排序、一起商量，如可以说“咱们一起制订一个让你有更多玩的时间的计划”，引发儿童兴趣，帮助儿童建立

和明确时间观念。

小学阶段，儿童每天至少需要1小时的自主时间，这个计划表要给儿童留出自主时间。如果儿童能提前完成规定的任务，剩余的时间都将成为他的自主时间，这样会让儿童觉得提前完成是值得的。当儿童能提前完成任务时，家长要记得鼓励儿童，如可以问“你是怎么做到的”，以强化儿童的主观努力和成功经验。家长切记不要因为儿童完成得快而随意增加任务量，这反而会养成儿童磨蹭的习惯。

（二）鼓励儿童主动学习

以“讲”代“做”是主动学习的好方式，家长可以每天让儿童把主要学科当天的学习内容或者儿童觉得有意思的内容“讲”出来，“讲”是知识的吸收与转化，对儿童的理解表达能力、学业能力都是很好的培养。

（三）引导儿童养成良好学习习惯

认真书写、勤于阅读、主动预习、不懂善问等良好学习习惯的养成，都需要家长有意识地对儿童进行引导。尤其是认真书写习惯的养成，家长需要仔细观察、了解儿童的情况。如果需要，应及时进行有针对性的训练。

良好的学习习惯要坚持才有效，儿童在这样的坚持中会逐步拥有自主学习的能力以及积极的心态。

二、带领儿童积极开展体育锻炼

体育锻炼有助于身体健康，这是毋庸置疑的。研究表明，经常锻炼的儿童往往自我感觉更加良好、自尊更高、负性情绪更少。体育锻炼为儿童提供了释放过剩精力的“出口”，并让儿童从运动技能的提升中得到自我满足。

家长要保证儿童体育锻炼的时间，积极带领儿童开展体育锻炼。

（一）营造集体锻炼的氛围

体育锻炼对每个人都很重要，家长要以身作则，不要以“工作忙”“工作累”为借口忽视体育锻炼，而要主动营造全家锻炼的氛围。有条件的家庭也可以邀请亲朋好友一起，将娱乐与锻炼结合起来，促进儿童养成体育锻炼的习惯。

（二）引导“不爱动”的儿童爱上锻炼

很多家长发愁儿童“不爱动”，其实活泼好动是儿童的天性，有些儿童相对比较安静，但并不意味着他们就没有运动天赋，重要的是家长引导。家长要把握“成就感”这个词，及时肯定儿童每次锻炼的小进步。当儿童觉得有

成就感时，就会大受鼓舞，参与的积极性会明显提高。

如果儿童的运动能力确实不太强，家长可以鼓励儿童多尝试一些项目，从兴趣点出发，引导儿童多锻炼。

（三）在体育锻炼中提升抗挫力

体育锻炼时总要学习一些新技能、技巧，儿童在学习过程中常常会有挫败感。家长要适时帮助，接纳儿童的消极情绪，鼓励儿童不断尝试、挑战自我。体育锻炼是提升儿童抗挫力非常好的方式，在遭遇失败、失望后重新振作起来，这种心理韧性的提升能够为他们成年后面临挑战性和竞争性的工作环境做好准备。

三、善于引导儿童独立思考

要把儿童培养成为具有独立人格的人，必须让他学会独立思考。

美国著名教育学家、心理学家布鲁纳在这方面提出了“脚手架”理论，指儿童在学习和解决问题中，需要他人提供协助、扶持，以帮助、鼓励儿童独立和成长。这样的协助和扶持被称为“脚手架”，就像施工一样，一旦儿童能够独立地解决问题，就可以将“脚手架”移除。

家长为儿童提供“脚手架”式教育可以从以下方面进行。

（一）每天空出时间和儿童交流

日常生活中，家长可以每天空出一定时间专门和儿童交流，可以聊各自的见闻、适合儿童理解力的新闻等，也可以通过阅读进行引导。

（二）给儿童“自己做主”的机会

当儿童遇到困难时，家长不要急于帮助，先引导儿童思考，鼓励儿童独立解决问题，可以用类似的话语进行引导：“你先想想看”“如果这件事发生在你身上，你会怎么想”“你先试试看”“明天咱们出去玩，如果让你来组织，你会怎么安排”等。当儿童表达观点后，家长要抓住儿童话语中有趣的、有道理的观点，引导他深入表达，让儿童体会到思考的乐趣，增强自我探索的信心，学会自己做主。

（三）开放地接纳儿童的观点

家长以开放的态度接纳儿童的观点，不强制儿童事事听从安排，即使儿童的观点不恰当，也让儿童先说完，再讨论，提出指导意见。儿童在民主、和谐的家庭氛围中，会感受到安全，敢于发表自己的意见，这样就会促进儿童各方面的发展。

有的家长认为要让儿童“少走弯路”，遇到事情直接告诉儿童自己的做法，并要求儿童完全照做。当儿童有自己的想法时，被家长忽视或打压，儿童的思想受到家长左右，不容易甚至不敢有自己的意见和看法，久而久之，会影响儿童独立思考能力的形成。

四、尊重儿童意愿，倾听儿童诉求

儿童从一生下来就是独立的个体，随着自我意识的发展，儿童逐渐对世界有了自己的想法，对一些事情有了自己的意愿。家长这时要更多倾听儿童的心声，以尊重、平等的态度与儿童相处，尝试站在儿童的角度去看世界。

不过，家长虽然有尊重儿童意愿的意识，但真正做好倾听并不容易。在家庭中常会出现这样的情况：家长最初是摆出姿态想要认真听孩子说话，但渐渐开始心不在焉，孩子会敏锐地觉察到，就不愿意多说了；或者孩子在兴致勃勃讲一件事情时，家长忍不住打断孩子，告诉孩子应该怎样做，本来是听孩子说，反而比孩子说得还多，久而久之，孩子自然也不愿意和家长多交流。

家长要做好倾听，需要注意以下方面。

（一）全身心投入

儿童想跟家长说一件事情时，家长可以先放下手头儿正在忙的事情，坐下来认真听他说。需要注意的是，家长尽量和儿童坐在一起，这样大家的目光是平视，体现平等。如果家长站着听，当儿童长得没有家长高的时候，家长在倾听时目光是往下看的，有时会让儿童感觉不舒服。

倾听的时候，家长的身体可以稍微往前倾一点儿，这样的身体语言表示“我已经做好准备了，你说吧，我会很用心地听”。在听的过程中，要看着儿童的眼睛，保持眼神的接触；听清楚儿童说的是什么内容，用心听明白儿童言语背后想要表达的意思。

（二）倾听之后要澄清

只有倾听是不够的，家长听完之后还要和孩子澄清，因为有时孩子的表述和家长理解的不一样。当孩子说完以后，家长需要再给孩子重复一下，如“你刚才说的×××是这样吗？是我听到的这样吗？”如果孩子说不是这个意思，那就需要再沟通，真正了解孩子想表达的意思，否则倾听就是无效的。

五、关注早熟的儿童

青春期是童年期和成人期之间的过渡期。这段时期的生命，有时被描述为人类所有发展阶段中最不平静的、最有紧迫感的、最为艰难的时期。

每个儿童的青春期发展节奏会有所不同。有些儿童会较早进入青春期，这些比同伴发育早，也就是“早熟”的儿童通常会对自己身体的变化感到尴尬，家长要格外关注这些儿童情绪变化，做好针对性保护。

（一）关注早熟女孩的心理状况

有些女孩在四五年级就开始发育，身体出现显著变化，如乳房的发育等，可能会令她们感觉不舒服。与未发育同学的明显差异可能会让她们感到心情沮丧，有些女孩会因此格外关心自己的体重，造成驼背、含胸等，从身体到心理都呈现自卑状态。

早熟女孩会有较多情感问题，抑郁、焦虑和饮食失调发生率也高于同伴。此时，家长要敏锐感知儿童变化，针对儿童的担心和自卑，妈妈要耐心倾听孩子诉说自己的苦恼，给孩子普及相关生理知识，引导其接纳和认可自己身体的变化。

温馨小贴士

（1）家长不要不以为然，认为过一两年自然就好了。

（2）家长不要斥责和嘲笑孩子的体态，如当孩子不自觉弯腰驼背时，妈妈可以温和地拍拍儿童的背来提醒。有的儿童由于体重增长较快，家长不经意间的一句“太胖了”的评价，可能会造成儿童自我评价过低，以致影响未来的心理状态。

（二）关注早熟男孩的心理状况

对于早熟男孩来说，好处相对会更多一些，如他们身材高大，在体育项目上更容易成功，会受到同伴及异性的欢迎。但由于他们体格更大，也更容易接触高年级学生或社会人，家长要时常关注他们的社会交往情况，关注他们与什么样的朋友交往、是否会欺凌其他同学等，避免沾染上不良行为习惯。

第三节
7～12岁儿童常见行为问题及应对方法

每个成长阶段的儿童都会出现一些比较普遍的行为问题，使家长感到困扰。家长需要找到问题成因，掌握科学方法，正确处理应对。

问题一：儿童上课注意力不集中怎么办

（一）行为解读

心理学研究表明，一般情况下，7～10岁儿童可以连续集中注意力20分钟左右，10～12岁儿童可以集中注意力25分钟左右。课堂教学如果保持新颖度，小学高年级学生完全可以做到保持40分钟的集中注意力。注意力集中的时间往往受许多因素的影响，如年龄、个性、兴趣、理解能力、知识水平等。

因年龄特点导致小学一二年级学生有意注意（有预定目的、需要意志努力的注意）还处在发展初期，水平很低，自觉控制注意的能力差。

一般来讲，儿童上课注意力不集中还有如下原因：

1.有的儿童在学龄前就已出现注意力不集中的情况，正式上学后情况较为明显。一些患多动症的儿童会在上小学后有明显表现。这种情况需要家长特别关注，要引起重视，进行必要的引导和干预。

2.提前学习影响了儿童的上课兴趣。有些儿童在课外会有辅助学习，对课本知识的提前掌握和更活泼的辅导形式，会让儿童觉得课堂知识没有新鲜感、讲解无聊，从而导致注意力不集中。

3.学习兴趣和学习习惯的培养不够。儿童的性格特点、行为习惯等有很大差异，有的儿童还没产生学习兴趣，课堂上对老师的讲解似懂非懂、跟不上老师的节奏，会出现注意力不集中。有的儿童从小接收的知识信息广泛、形式多样，形成了强烈刺激的接收习惯，进入正规、严肃的课堂无法适应，导致注意力不集中。

家长要针对儿童不同的特点，做好学习兴趣习惯的培养。

（二）应对方法

1.关注儿童课堂表现

儿童在课堂上注意力不集中，是由老师反映给家长的，家长要注意做好家、校合作，请老师帮忙观察儿童，看看儿童是每节课都会有注意力不集中的现象，还是在某些特定的课堂上会出现这种情况。经过仔细观察以及与儿童交流，找到儿童注意力不集中的原因，再进行有针对性的帮助。

2.日常坚持注意力训练

对于需要提高注意力的儿童，家长可以在家中坚持日常注意力训练。

（1）利用舒尔特方格练习

舒尔特方格是目前世界上最流行的、有效的注意力训练方法。将数字1～25随意地填写在5×5的表格里，让儿童从1开始按照顺序找出格子里的数字。家长可以对此练习进行改进，如增加数字的数量、缩短完成时间、进行比赛等，帮助儿童不断练习。

10	9	1	3	19
22	5	2	16	13
21	6	18	14	4
23	17	15	11	7
12	24	20	8	25

舒尔特方格

（2）利用注意力训练类书籍练习

选取适合儿童年龄的注意力训练类书籍，带领儿童每天坚持练习。这些书中的练习都很有趣，如走迷宫、找不同、寻找隐藏物品等，儿童会很有兴趣。

(3) 朗读、倾听结合进行训练

家长可以每天安排15分钟左右时间，让儿童选择他们喜欢的文章片段大声朗读，这是使儿童口、眼、脑相互协调的过程。让儿童练习尽量不读错、不读丢、不读断，此时儿童的注意力必须高度集中才能完成。家长在此过程中先不要打断，等儿童读完再进行鼓励式总结。相应地，家长也可朗读一段文章，请儿童在认真倾听后进行复述。倾听练习是提高注意力的一个重要途径，这有助于儿童在学校听课时排除干扰进行信息处理。

温馨小贴士

儿童上课爱走神，家校合作多沟通。
找到原因做应对，多种方法来训练。

问题二：儿童习惯性撒谎怎么办

（一）行为解读

研究表明，儿童撒谎并不是个别行为，它在儿童群体中具有普遍性。撒谎，是儿童心理发展的一个关键性标志。想要成功欺骗别人，意味着儿童不但要抑制住讲真话的冲动，还需要正确地组织语言，让欺骗成功。这是儿童认知发展到一定阶段才会有的能力。即使是普遍现象，撒谎也是一种错误行为，需要引起家长重视。

儿童习惯性撒谎有以下原因。

1.逃避可能的惩罚

儿童做错了事，或者难以达到家长的高要求时，可能会撒谎，以此逃避惩罚。

2.吹嘘式撒谎

这种撒谎常是儿童为满足虚荣心而为之。当儿童觉得自己不够好或者某些方面不如别的同学时，会通过吹嘘来满足自己的需求。

3.儿童撒谎有时和羞耻感有关

通过撒谎来保护内心的脆弱，保护自己免遭羞辱，这种情况通常发生在生活中极不快乐的儿童身上。

（二）应对方法

1.家长要注意控制情绪

家长要避免粗暴指责，平静下来耐心地和儿童沟通，了解其撒谎背后的原因。撒谎是儿童使用的一种不太有效、不太恰当的解决问题的方式，家长不仅要指出儿童这样处理是无效的，更要引导他怎样处理才更恰当。

如果发现孩子因为达不到家长的高要求而撒谎，家长需要反思自己是否确实给了他太大压力，并视情况进行适当调整。对于吹嘘式撒谎，家长尝试站在儿童角度去理解他的感受与需求，并与他讨论如何接受自己某些方面不如别人的事实、如何去发挥自己的特长。与羞耻感有关的撒谎，家长要反思家庭给儿童带来的安全感是否足够，若不够，应尽可能进行弥补。

2.强化儿童的正确行为

家长要帮助儿童理解“撒谎”与“做得不好”的性质不同，让儿童明白撒谎是错误行为。如果儿童告知了实情，家长要在儿童的诚实方面进行肯定，强化正确行为。

3.做儿童的诚信榜样

家长不要随便给儿童承诺，做了承诺就要兑现，否则儿童会觉得家长在撒谎，这就是不好的榜样。如果家长实在无法实现最初的承诺，那就要对儿童诚恳道歉，并设法进行弥补。

温馨小贴士

儿童长大会撒谎，不可先说品行差。
撒谎原因找一找，用对方法去引导。

问题三：儿童不敢表达、怯懦胆小怎么办

（一）行为解读

一些儿童在课堂上、人际交往中不敢表达，怯懦胆小，呈现退缩状态，有以下原因。

1.担心被嘲笑，不敢表达

有的儿童比较敏感，担心表达时出错被人笑话；有的儿童可能在同伴交往中曾受到嘲笑、忽视、排挤等，由于担心可能再次遭遇以上不良经历，因而没有勇气表达自己的想法或感受；有的儿童可能在家中受到家长行为的影响，比如有的家长会不经意间对某些愿意表达、但表达有错误或不理想的人，表现出不认同甚至嘲笑，儿童会片面地捕捉到“不要轻易表达自己，可能会被人嘲笑”的信息，因而不敢表达。

2.家长过多支配儿童行为

家庭教养过于严格、较多用惩罚性行为进行教育，要求儿童完全按家长的规定行事等过多支配儿童的行为，都会导致儿童自信心不足，无法表达。

（二）应对方法

家长不可粗暴对待或者抱怨儿童，这样只会让情况变得更糟。

1.表达技巧的学习与训练

在家庭中，家长要多鼓励儿童表达自己的感受和需求，教给儿童表达技巧。为了取得良好效果，可以用适合儿童年龄特点的游戏、角色扮演等，帮儿童练习如何大胆地进行表达。

2.家长要反思和调整教养方式

家长要学会真正倾听儿童的心里话，鼓励儿童独立思考，独立做一些力所能及的事。

3.请老师帮助建立友善的班级环境

家长可以请老师共同帮助儿童，如老师在课堂上有意提供表达的机会给胆小的孩子，并及时给予鼓励。在孩子的眼里，老师的鼓励比家长的鼓励更重要，会大大提升自信心。

此外，家长可以请老师帮忙，利用班级小组成员的力量，在日常课业活动中，肯定、鼓励每一位小组成员，在这样不留痕迹的支持中，胆小怯懦的儿童感受到环境的友善，逐渐战胜自己，变得勇于表达。

温馨小贴士

胆小怯懦要重视，环境因素很重要。
老师家长齐鼓励，同学友善帮大忙。

问题四：儿童总是“我行我素”“听不进他人意见”怎么办

（一）行为解读

“我行我素”，顾名思义，就是儿童在做事时不管家长、老师或其他人怎么说，总是一意孤行。这样的行为方式可以理解为儿童有个性主见，但“我行我素”的行为常会产生不良后果，养成刚愎自用的性格，对儿童成长不利，因而需要家长正确引导和帮助。

儿童总是“我行我素”通常有以下原因。

1.对指令不能快速理解

一些思维反应速度较慢或理解能力稍显不足的儿童，对指令不能快速准确地理解，常会出现“我行我素”的情况。

2.家庭教育方式所致

有些家长平时与儿童缺乏良好沟通，儿童又不善于与他人交流，导致凡事只听从自我意愿；有些家长溺爱儿童，凡事迎合儿童意愿，导致其完全听不进他人意见；一些家庭过于追求“民主”，儿童的事都放任儿童自己决定，家长没有很好地履行教养责任，对儿童缺少必要的引导，他也会变得自负、目中无人。

3.早期“叛逆”的影响

有些儿童在小学高年级开始出现“叛逆”心理，如果家长关注不到儿童的情绪变化，他可能会出现“我行我素”的情况。

（二）应对方法

1.找准原因

家长要认真观察儿童的日常行为，与儿童友好交流，找准儿童行事“我行我素”的原因，采用科学有效的方法予以引导。

家长可请老师帮助，在学校和家庭中共同对孩子进行观察。寻找儿童有没有“能听进去别人话的情况”，也就是找“例外”。人们对经常发生的一些行为，常会笼统地称为“总××样”。换个角度去寻找“例外”，更精准地对行为频率进行评估，找到那些问题没有发生时的情境，找到积极正向的因素。

2.有针对性地引导

对于总是“我行我素”的儿童，要观察他“什么时候能听进去别人说话”“什么场合”“能听进去谁说话”。

观察到这些“例外”，再来探究这些“例外”发生的原因，也许是指令清晰、说话的人语气温和、儿童对所做的事有兴趣、儿童感觉受到尊重等，当家长清楚了解到如上情况就是儿童不再“我行我素”的“例外”情况，也就找到了正确引导孩子的有效路径。

温馨小贴士

> “我行我素”要识别，结论不要太笼统。
> 换个角度想问题，寻找“例外”来解决。

问题五：儿童在课堂上总是违纪、带头起哄怎么办

（一）行为解读

儿童在课堂上不遵守纪律或者带头起哄，可能有以下原因。

1.适应程度和自控力不好

小学低年级儿童可能由于进入小学还不太适应，再加上自控力不好，导致纪律意识淡薄，上课经常违纪。

2.掌握课堂知识比其他儿童快

有些儿童学习能力强，快速学会课堂知识后，不愿意

再听，感到无聊，也会出现不遵守纪律的现象。

3.希望得到老师和同学的关注

获得他人的关注是人类的天性，很多儿童是希望被老师和同学关注。一些儿童由于无法从学习的过程中获得认可，于是便做一些出格的行为。他们可能比较享受在课堂上调皮捣蛋、带头起哄而受到老师关注和一些同学欢迎的状态，老师的批评对他们来说无所谓，重要的是可以吸引别人的目光，感受到自己与众不同。

4.可能故意捣乱

多数儿童课堂违纪、带头起哄本身并无恶意，但升到高年级后，比如不喜欢哪位老师或不喜欢哪门课，可能会故意捣乱。

（二）应对方法

1.积极与老师合作

当儿童不遵守课堂纪律的行为多次发生，老师提醒、批评等都无效时，会向家长反映情况，希望家长配合对儿童进行教育和约束。

这个时候，很多家长会觉得没面子，儿童的行为发生在学校，家长无法在现场直接解决问题，无奈、无助、生气等情绪交织在一起，常常无法保持冷静，除了感谢老师对儿童的关心，向老师表达歉意外，心中可能只有“要好好批评”一个念头。

此时，家长应快速调整情绪，积极表达与老师合作的意愿。希望老师多反馈儿童这方面的具体表现，如儿童是在所有课上都违纪，还是在哪门课的课堂上最容易违纪、带头起哄等，以此来评估儿童的行为与对学科的兴趣、对老师的喜好是否有关。

2.直面问题，正向引导

家长遇到这种情况，常会对儿童进行责罚。这样的责罚大多只有短期效果，隔几天就会故技重演，对行为的改善无济于事。

家长要认真与儿童谈遵守课堂纪律的事，了解儿童的困难和需求，邀请儿童一起想办法战胜困难、正向寻求关注。家长可以转换思路，不把“违反课堂纪律”当成问题来批评儿童，而是邀请儿童一起学习与练习“遵守课堂纪律的技能”。这样的正向引导通常会引起儿童的兴趣、调动儿童的积极性，儿童可能会想出很多自我约束的办法。

家长也可以和儿童设立具体且易实现的“小目标”。比如，设定在第二天的某门课上做到不起哄，当儿童实现了这个小目标，家长可以以“你是怎么做到的？”这样的问话来鼓励儿童，他在获得满足感后，会更加愿意努力。

温馨小贴士

家长老师共携手，课堂违纪不发愁。
直面问题多沟通，正向引导入正轨。

问题六：儿童总爱跟家长、老师“对着干”怎么办

（一）行为解读

随着儿童自我意识的高度发展，从童年期进入青春期，他们受到“独立感”和“成人感”的驱使，感觉自己长大了，可以有自己的主张了，同时他们发现家长和老师居然

也有缺点。当儿童不想和以前一样凡事听成年人的想法，想要试试自己的力量时，表现出来就是和家长、老师“对着干”，这种表现让大人一时难以适应。

1.对家长的管教产生逆反心理

在家庭中，伴随儿童的长大，以权威、服从为主的亲子关系发生了变化，家长单方面对儿童进行管理的时期不知不觉成为过去。当家长沿用过去的方式对儿童进行教育时，儿童会十分反感，认为“不尊重”“不信任”他们，对管得太多、太严的家长产生逆反心理。

2.不再无条件服从老师

大约从小学三年级开始，儿童不再无条件服从、信任老师。他们发现老师也会有错，开始有了“不一定都听老师的话”的想法。他们对那些对待学生不公平、教学不符合自己喜好的老师没有好感，会有逆反行为。

3.挑战老师可能会被崇拜

有些儿童尝试反驳老师，其他同学会觉得他有胆量挑战老师，觉得他特别厉害，这种被崇拜的感受会让儿童不断强化和重复类似行为。

（二）应对方法

1.根据儿童反应及时调整亲子关系模式

在亲子关系方面，家长要根据儿童的情绪反应及时调整亲子关系模式。如家长认为的“孩子还小，什么也不懂”“天冷了，该让孩子穿秋裤了”等想法和做法导致儿童“对着干”时，家长就要警醒——孩子长大了，要及时向后退一点儿，将让儿童自己做决定与家长的指导结合起来，避免给儿童留下“不尊重”“不信任”他们的印象，同时也帮助儿童进一步成长。

2.养成和儿童聊天的好习惯

对于儿童在学校的表现，家长日常要养成和孩子聊天的好习惯，听他说说在学校发生的事，平和地听他表达，创造一个不带任何负担进行表达的环境。当孩子表达不喜欢哪位老师，和老师“对着干”时，家长不要急于纠正孩子的做法，而是耐心倾听，了解他的想法是怎样产生的、当时发生了什么。

站在儿童的角度理解他的感受，如感受儿童的委屈、愤怒等，这在心理学上称为“共情”。共情会让儿童感到被理解、被接纳，不会马上想要“对着干”。没有逆反情绪时，儿童反而愿意和家长一起讨论如何应对。

面对即将进入青春期的儿童，家长的“共情”尤为重要。家长可以尝试将自己带入儿童当时所处的情境，以“如果我是你，也会很委屈（类似表达情绪的词）”等语言，让儿童感受到家长在情感上的支持，情绪自然会舒缓，其他事情就可以商谈。反之，家长越对儿童进行否定，儿童“对着干”的情绪就会越激烈。

温馨小贴士

自我意识要发展，“独立”“成人”感觉好。
正是教育好契机，共情接纳解难题。

第四节 7～12岁儿童需要专业帮助的情况

掌握了儿童心理发展的特点、规律和方法，家长可以应对儿童在成长发育过程中的一些常见问题，但还有一些特殊情况需要引起家长注意，必要时应求助专业医疗机构或训练机构。

下面，我们选取这一年龄段儿童较为多发或应引起家长注意的情况，予以提醒。

情况一：学习障碍

学习障碍，又称学习困难，指一些儿童并不存在智力落后的情况，也没有发育迟缓，但是在听力、会话、阅读、书写、计算、推理和推论这些特定领域出现明显问题，导致学习困难。

据研究，学习困难问题在小学二三年级为高发时期，学习困难儿童成绩明显低于同龄儿童，而且诊断出的学习障碍者大多为男孩。

造成学习障碍的具体原因目前还在进一步研究中，可能与各种各样的疾病、感染和营养不良，以及其他环境因素或基因因素有关。

最常诊断出的学习障碍大多与言语有关，尤其与阅读有关。常见的阅读障碍是“诵读困难”或具体的阅读错乱。儿童读文章时态度认真，但结结巴巴，常有错字、漏字、错行等。发现这种情况，家长要及时带儿童去医院做全面检查，这或许是由学习障碍造成的。

患有学习障碍的儿童在识字和对所读内容的理解方面存在困难，之后在拼写方面也会出现明显困难，如出现不稳定的错误等。

另一个具体的学习障碍是计算困难，通常是加、减、乘、除运算有明显困难。

约半数以上学习障碍儿童的症状随年龄增长自行缓解或减轻，但有些特殊的技能缺陷要持续至成年。无论怎样，对待这些儿童需要家长、老师花费更多耐心去教给他们相关的学习技能。

学习障碍目前并没有特效药物，在明确儿童患有学习障碍后，需要医生、特别指导老师（训练人员）及家长共同协作，如可用感统训练、行为疗法、游戏疗法等进行基本技能训练。

情况二：智力障碍

智力障碍是一种在儿童发育阶段发生的障碍，包括智力和适应功能两方面的缺陷。

智力障碍儿童按程度有所区分。大约85%的智力障碍儿童是轻度智力障碍，多数直到进入小学学习一段时间后才被鉴别出来，如几乎所有科目的学习成绩都是最差的那一个。这些儿童并不是不努力，而是比其他儿童需要更长时间来理解新的内容。但他们可能在某些领域表现得相当出色，如绘画、手工等。通过适当训练，这些儿童能够达到三到六年级的教育水平，尽管他们不能完成复杂的智力劳动任务，但可以依靠一份工作生活下去。

中度智力障碍儿童大约占10%。他们在学前期能够学会说话，尽管他们的言语技能和动作技能比正常儿童差，但多数也能学会走路。在特殊指导老师和特殊设备的辅助下，一些中度智力障碍儿童通常能在正规学校接受教育。

重度智力障碍儿童大约占5%，通常表现出低水平的动作发展、极少量的交流技能，以及在生活中的高度依赖性。

除了传统的学校培智教育，有条件的家长会聘请影子老师对儿童进行帮助。影子老师，顾名思义，就是如影随形地跟着所服务的儿童，教些人际互动技能，帮助其完成学业。他们在专业特殊教育工作者的引领和督导下，为儿童和家庭提供个性化教育服务。

特别提醒

如果发现儿童有以上典型情况或类似情况，请家长们一不要惊慌，二不要讳疾忌医。

正确的处理流程：

注意观察
↓
认真记录儿童行为症状
↓
及时前往正规医疗机构确诊
↓
听从专业人士指导
↓
科学认识
↓
积极干预或治疗

第四章

半成熟的青春期

——13～15岁儿童心理健康发展的家庭教育方案

13～15岁的儿童已经进入青春期，正处于初中阶段。相较于小学时期，他们的身体快速发育、独立意识日益增长，这一时期是一个充满矛盾和困惑的时期。

此阶段的儿童最明显的特点是自我意识高涨。身体的发展带给他们成人感，他们希望拥有与成年人一样的权利，不喜欢受到约束和管教，对父母等权威的逆反心理增强。他们的第二个明显特点是情绪具有两极性，情绪丰富、敏感且波动较大。在认知方面，他们的思维基本成型且更加灵活，创造性高度发展，但也存在思维的不成熟性。

这一阶段，家长应关注并理解儿童的身心发展状况，尊重儿童的个性需求，营造宽松、平等的亲子沟通氛围，引导儿童合理调节和表达自己的情绪，培养良好的兴趣爱好，建立健康的友谊关系。

第一节 13～15岁儿童的心理发展特点及表现

这个时期，儿童开始了初中阶段的学习。从此时起到成年，我们也常称他们为青少年。青春期的发育对他们的心理和行为产生了重要影响，其个性发展也表现出新特点，在与同伴和成年人的交往等多个方面都产生了明显变化。

初中阶段的儿童自以为已经长大成人，要求和成年人平等地交流思想，但现实中这样的要求常常被大人忽视或受到压抑，因此带给他们的体验是情绪更不稳定。

一、青春期身体发育对心理的影响——半成熟、半幼稚的时期

人的生理发展与心理发展是相互联系的，在大部分时间里，生理与心理发展的速度相对平衡。但在青春期，生理发育特别迅速，而心理发展相对缓慢，是儿童从幼稚向成熟过渡的时期，青春期的生理变化会给儿童的心理带来较大影响。

青春期的身体发育主要表现为身体外形的改变、内脏

机能的成熟和性成熟。青春期的儿童身高和体重迅速增长，心肺功能增强，肌肉力量增加，性激素分泌增多。男生的喉结开始突出、嗓音变得低沉、唇部长出胡须，多数男生会在这个年龄段出现梦遗现象。女生的嗓音变得更细、皮下脂肪增多，体态更加丰满，多数女生会经历初潮。

生理上的变化使儿童产生了成人感，在心理上他们也希望尽快进入成年人世界，获得新的社会角色和社会评价，希望他人对待自己时能给予成年人般的尊重和信任。但由于社会经验不足，他们对于许多事情的认识和理解还不充分，所以整体上表现出半成熟、半幼稚的特点。

儿童在行事方式上更希望表现得像大人，有时会勇敢地作出决定并付诸行动。但与此同时，他们的内心并没有完全摆脱对家长的依赖，仍然希望得到家长在精神上的支持和保护，受到挫折时希望得到大人的帮助，这样的表现会让人感觉青春期的儿童有时像个成年人，有时像个孩子。

二、情绪情感——两极共存，烦恼增多

随着初中阶段儿童各项能力的发展和生活经验的扩大，他们的情绪感受更加丰富细腻，但情绪还不稳定，具有两极性的特点，表现为情绪的强烈性与温和性共存、可变性与固执性并存、内向性与表现性共存。

强烈性与温和性共存，指此阶段儿童的情绪有时候是

强烈的，宛如“狂风暴雨”，对一件小事的反应强度可能会特别大，超出成年人的想象。不过也不是一直如此，由于掌握了一些控制情绪的能力，他们明白情绪表达在人际关系中的作用以及可能产生的后果，也会通过相对温和的方式来表达情绪。

可变性与固执性共存，指有时儿童的情绪转化很快，可能刚刚还在生气，过一会儿又因为其他事情变得开心。一方面，尽管情绪的强度很大，但情绪体验没有那么深刻，一种情绪很容易被另一种情绪所取代。另一方面，由于他们对事物的认识还不全面，存在固执性的特点，有些情绪也会持续很久。例如，他们会因为某次考试成绩不好而感到失落，否定自己的能力，并对下次考试感到焦虑，这种情绪可能会在心头久久萦绕而不能摆脱。

内向性与表现性共存，指儿童能在一些场景下隐藏自己的情绪，不再把喜怒哀乐都表现在脸上；有时又会为了迎合他人，在表达情绪时自觉或不自觉地加上一层表演的色彩，不像从前那样率真自然。

此外，这个阶段的儿童会比幼时体验到更多的消极情绪。他们的烦恼突然增多了，这些烦恼可能来自对自己外貌不够满意、和父母的关系产生裂痕、不知道如何与同伴相处、学业压力增大等，因此会更多地体验到焦虑、抑郁、孤独、自卑等消极情绪。父母此时需要帮助他们合理调节情绪，避免因长期处于消极状态而导致抑郁、焦虑等情绪障碍。

三、自我意识发展——进入人生的第二逆反期

此阶段的儿童自我意识高涨，内心世界变得丰富而敏感，经常内省关于“自我”的议题，个性固执，表现出叛逆心理。

他们将更多的思想意识指向“自我”，开始思考关于“我”的各个方面。例如，“我是一个怎样的人”“我有什么优点和缺点”“别人是怎样评价我的，他们喜欢我吗”“我未来要成为一个怎样的人”等一系列问题。

与此同时，虽然初中阶段的儿童已经能够对自己和他人的观点进行思考，但在关注自我的同时，有时也会认为其他人也在关注着自己的方方面面。例如，有时听到他人在低声说话，就会觉得别人正在挑剔地评价他们，由此容易产生消极情绪。

很多儿童在这个阶段会表现出叛逆心理，进入第二逆反期（由于发展的不平衡，这一逆反期也可提前到小学高年级或延迟到高中初期）。当他们的自主性和独立性受到忽视和阻碍时，就容易表现出叛逆。有时他们会用强硬的态度进行反抗，有时也会以冷漠的态度无视他人。例如，他们常认为自己是正确的，不愿意听取别人的意见，不希望父母像他们小时候那样事无巨细地关注，会跟父母、老师顶嘴争论，通过各种方法证明自己的观点，证明自己有足够的能力去独立完成某些事情，或者有时干脆对成年人的话置若罔闻，我

行我素。

家长在此时不要过于着急，要体谅儿童在这一特殊时期的困难，不用急于把儿童“矫正”到家长认可的观点上来，而是要在理解的基础上，因势利导帮助他们渡过难关。

四、思维——创造性与不成熟性并存

初中阶段儿童的思维以抽象逻辑思维为主，他们发展出了抽象的、科学的思维能力，思维更加灵活成熟，概括能力和辩证思维能力都在增强，可以从变化的角度分析事情。

这一阶段儿童的创造性思维也在迅速提升。由于成人感和自我意识高涨，他们更喜欢表现得和别人不同，再加上他们的思维变得活跃开放，喜欢天马行空地幻想，又有强烈的求知欲和探索精神，会在很多方面表现出较强的创造欲望。

不过，思维的不成熟性也会时常表现出来。例如，他们发现现实世界和自己的理想世界有着很大的差别，会通过讽刺等方式抨击某些社会现象；为了解决某件事情，他们可能想出很多备选方案，但不知道应该作出哪种选择，而且决心大于行动，计划难以持久执行；他们有时会认为自己是独一无二的、幸运的，低估某些不好的事情发生在自己身上的概率，行为出现盲目性和冲动性，甚至会去尝试某些危险行为。

五、社会交往——同伴支持很重要

进入初中阶段，儿童与父母相处的时间减少。他们不再像以前那样依赖父母，也不像小时候那样崇拜父母，反而试图在情感、行为和观点上脱离父母，希望能够自己思考、判断和解决问题。这个过程被称为“心理断乳期”。

儿童与同伴的关系越来越密切，会花费更多的时间和同伴在一起，开始更多地依赖朋友，同伴交往是他们获得情感支持的重要来源，是脱离父母实现独立自主的后盾。他们可以在同伴团体中自由表达观点和想法，进一步加深对自己的认识，遇到困难时寻求帮助，建立自己的亲密关系，从而获得支持感和亲密感。此时建立起的亲密关系也是对成年后建立亲密关系的一种“演习”。

拥有稳定、支持性同伴关系的儿童一般有较好的自我评价，待人友善，较少出现焦虑、抑郁等情绪。

由于青春期儿童的性成熟，他们对异性产生了好奇和兴趣。起初，他们可能通过相反的方式进行表达，例如假装漠不关心、向对方进行语言攻击等。逐渐地，男生和女生之间开始融洽相处，一些儿童心中会有自己喜爱的异性朋友。有些儿童不会公开这种感情，随着时间流逝和自身成熟，感情会慢慢淡化；也有一些儿童开始尝试谈恋爱。在这个阶段，男生和女生之间的爱慕之情是很稚嫩的，同时也是正常的。家长需要进行恰当的处理和引导，帮助儿童正确对待这份感情。

第二节 13～15岁儿童家长的必要行动

在了解13～15岁儿童心理发生发展的特点及表现之后，家长应根据儿童心理发展规律，结合儿童的实际，做好科学教育引导，以促进儿童身心健康发展。

一、引导儿童适应身体的巨变

青春期是儿童从童年向成年的过渡期。这一时期，由于性器官和性机能的逐渐成熟，初中阶段的儿童会表现出对性的特别关心，如性梦、性好奇、性兴奋等，由此带来不安、无措、恐惧，甚至羞耻等情绪体验。因此，家长要充分了解青春期生理卫生知识，对儿童开展适时、适度的性教育，帮儿童适应身体的巨大变化。

（一）消除性教育的迷思

家长在性教育方面常有以下迷思。

1.认为“长大自然就懂了”

家长错误地认为“性教育是简单的性生理知识的教育”或者认为“性方面的知识随着儿童年龄的增长自然而然就知道了，并不需要进行引导”。

2.担心儿童接受性教育后反而学坏

家长担心儿童在懂得性方面的知识后反而会学坏。其实，真正的性教育，不仅限于性知识的教育，更重要的是对儿童的成长教育，如对异性交往的指导、认识到对性健康和生殖健康应当采取负责任的态度和行为等。

出于对身体的好奇，儿童已经通过同伴、网络等途径对性生理方面的知识有了很多了解，甚至他们了解的内容远超家长所能想到的，但儿童还不会鉴别，获得的信息良莠不齐，有很多甚至是错误信息，需要家长进行引导。

（二）引导儿童悦纳自己的身体变化

青春期生理的变化如月经、遗精、性器官的发育等，都会引起儿童的心理变化，有些儿童会因此有负面的认知，如痛经可能会让女孩对身为女性产生负面评价，遗精会让男孩感觉羞耻等。家长要有相关的正确认知，帮助儿童从心理层面坦然接纳身体的变化，愉悦地面对成长。

（三）需要时寻求专业人士的帮助

家长需要学习性教育方面的知识，坦然对儿童进行性教育。不过，如果这一时期亲子关系不太理想，或者家长在这方面感觉无法胜任，也可以寻求专业人士的帮助。无论怎样，当身体巨变来临时，对儿童的身心关注是非常重要且必要的。

二、引导儿童学会应对学业压力

进入初中以后，随着学习内容增多和学业难度加大，加上这一阶段儿童生理的变化和情绪的不稳定，导致学习成绩波动，同时也会出现明显的成绩分化，令很多儿童感到压力大增。

（一）留意儿童的日常学业压力状况

与小学阶段不同，家长对初中阶段儿童学习方面的直接帮助逐渐减少，不少家长也会因为儿童学习难度的增加而力不从心。

直接帮助的减少并不意味着不需要关注儿童的学业压力状况，家长可以每天抽一点儿时间和儿童聊一聊，看看儿童是否遇到学业上的困难，找找原因，做到早发现、早应对。比如发现儿童的困难源于学习习惯不好，就要在学习习惯方面帮助儿童调整；发现儿童是因为情绪不稳定导致不能用心学习，家长要看看儿童遇到了什么困难、可以提供什么帮助等。总之，家长平时要多关注儿童的学业状况，以免学业压力积累到一定程度给儿童带来不良影响。

（二）在儿童倾诉后提供科学引导

在儿童遇到学业压力时，家长要做儿童的坚强后盾，鼓励儿童倾诉，对儿童的沮丧充分共情，同时帮助儿童积极应对困难。

家长可以尝试通过以下步骤带领儿童将消极想法转为积极应对。首先，写出学业压力主要表现在哪些方面，并进行具体表述。其次，想象成功解决问题后的场景。最后，在积极想象的推动下，帮助儿童寻找能够解决问题的资源。这里的资源包括内部资源和外部资源，内部资源即发掘儿童的潜能，外部资源即家庭能提供的帮助。

通过这样的分解，儿童也会心中有数，明确努力的方向。

当儿童遇到学业压力，努力调适时，家长尤其要注意“一小步”原则，即要鼓励儿童取得的一点点进步。这样，每一点进步都会变成促使儿童向前走的重要动力。

三、帮助儿童正确处理人际关系

初中阶段的儿童面临着空前复杂的人际关系，亲子关系、同伴关系、师生关系都与小学时不同，进入了新的需要适应的状态。即使儿童在这个阶段认为自己已经是个“大人”，但在人际关系的处理方面仍然需要家长的帮助。

（一）亲子关系

初中儿童早期过分自信的特质常会导致亲子间矛盾、冲突的增多，家长要理解儿童在这一阶段的生理、心理特点，及时调整应对方式。

产生矛盾不可避免，如何让矛盾发挥积极作用，是家长可以帮助儿童一起考量的。当儿童与家长产生矛盾时，家长要避免“一言堂”，给儿童充分表达的空间，倾听儿童的观点，把矛盾点变成需要家庭讨论的问题，重新调整双方的期望值、规则阈等，允许儿童在适当的范围内增加自主性和参与决策。儿童会更喜欢这样的亲子关系。

（二）同伴关系

由于对同伴的依赖，儿童会对同伴关系变得敏感，如信任被辜负、得不到认可等都会给儿童带来很大的打击。然而他们不会主动和家长进行交流，因此家长平时要多留意孩子的情绪变化。不过，即使是在亲子沟通较好的家庭中，当家长观察到孩子情绪不好加以关心时，有些孩子依然会选择沉默。

家长可以采取迂回方式，平时家人间不露痕迹地谈论人际交往的相关话题，如谈论在人群中哪类人更受欢迎、引导儿童发表对别人的事的看法、表达自己的观点供孩子参考。相比直接的说教，这样的方法更易于儿童接受。

（三）师生关系

初中阶段的儿童对老师有了更高的要求，他们可能会因为各种原因不喜欢某些老师，因此也会不喜欢老师所教的课。

家长切记，先不要一味地批评儿童不尊重老师，一定要了解情况，让儿童畅所欲言，说出不喜欢老师的原因，再有针对性地和儿童讨论。通常而言，当儿童得到家长的理解时，情绪得到舒缓，会有利于问题的解决。

四、尊重儿童的独立需求

初中阶段的儿童进入“心理断乳期”，在心理上要摆脱对父母的依赖，在生活中要以独立人格出现。家长要尊重儿童的独立需求。

（一）家长要正视现实

家长在这一时期也常会出现矛盾：从知识层面了解了儿童的身心特点已经发生变化，但在现实层面还是会更关注儿童不成熟的一面，忽视儿童成人感的一面。因此，家长要不断提醒自己：儿童在成长，不能再像以前那样对待他们，让自己在心理上更能接受儿童有独立需求的事实。

（二）家长不要成为“侦探”

很多儿童在这时候有了自己的小秘密，他们开始用带锁的日记本来写日记，或者不希望家长随意进入自己的“领地”，家长应当尊重儿童的隐私权。

有些家长不放心，会趁孩子不在家时去“窥探”孩子隐私，而当这样做了之后，家长常会陷入进退两难的境地。看到

的东西不可能被无视，但是与孩子对质，就必然是一场狂风暴雨般的不愉快。

恰当的做法是，在家庭中营造尊重、欣赏、平等的氛围，给儿童提供自由表达的空间，润物细无声地开展家庭教育。在这样的氛围中，儿童的“隐私”有时也会表达出来，反而不需要家长去探寻。

（三）家长依然要发挥“避风港”功能

家长允许儿童寻求独立，但不是因此对儿童放任不管。

儿童在成长过程中追求成人化，但毕竟身心发展尚未成熟，会遇到很多困惑和压力，如学业方面、人际关系方面等。当儿童还没有能力独自应对这些压力时，家长要发挥“避风港”的功能，让儿童安全地在这里疗伤、成长，发展出更强的应对能力。这是家长的责任和义务，在“管”与“不管”之间需要做好平衡。

五、帮助儿童学会管理情绪

进入青春期早期的儿童，情绪波动大、敏感易怒，有时看似平常的事却会引起他们高强度的反应，在家长面前更容易失控。有情绪是正常的，家长要理解他们的情绪状态，但为了减少抑郁、焦虑、沮丧等负性情绪带来的不良影响，可以引导儿童学会管理自己的情绪。

（一）鼓励儿童用合理方式表达负性情绪

负性情绪如果强行压下去，日积月累，会引发心理问题或身心疾病。家长要鼓励儿童进行负性情绪的表达，也就是情绪宣泄。

1.鼓励儿童倾诉

家长可以经常和儿童沟通，了解他们的感受，鼓励儿童向家长倾诉，或者鼓励儿童与朋友在一起，向朋友倾诉。

2.引导儿童用安全的方式宣泄情绪

有些儿童在宣泄情绪时会大喊大叫、摔打物品等，家长可以引导儿童改成撕纸、摔抱枕等，既宣泄了情绪，又不会让自己受伤。

3.用好“哭泣”的宣泄方式

“哭泣”也是一种宣泄方式，在安全的环境中哭泣，对情绪有很好的平复作用。家长不要觉得儿童哭泣是懦弱的表现，重点在于哭泣之后如何面对问题，而不是哭泣本身。

还有很多情绪宣泄的方法，家长要与儿童讨论，把握好情绪宣泄的前提是：不伤害自己、不伤害他人，鼓励儿童用合理、安全的方式进行情绪表达。

（二）帮助儿童进行日常自我情绪观照

1.鼓励儿童参加各种活动

家长要鼓励、支持和带领儿童积极参加体育运动或者其他健康的社会活动，增加愉悦感，抵消不愉快的情绪。

2.鼓励儿童用创造类活动观照情绪

家长也可以鼓励儿童进行一些创造类活动，这些也是自我情绪观照的有效方式，如写作、画画、拍照、拼图等，既可让儿童身心得到放松，感到愉快，又可在此类活动中获得价值感。当然，前提是不要把这些活动当成考核的任务去做，那样做的结果反而会背道而驰。

事实上，这些情绪观照的方式对家长也是有效的，家长情绪平稳，就能很好地帮助儿童。

第三节 13～15岁儿童典型心理问题及应对方法

初中阶段的儿童在成长过程中遇到的挑战更多，出现心理、行为问题的概率增大，家长时常会被儿童的一些行为困扰。家长需要找到问题成因、掌握科学方法，对儿童的心理问题做到早发现、早干预。

问题一：儿童迷恋电子产品和网络游戏怎么办

（一）行为解读

电脑、手机、平板电脑等电子产品成为生活必需品，随之而来困扰家长的问题就是——儿童沉迷电子产品，家长管教无力。

儿童迷恋电子产品，归根结底，在于电子产品满足了他们不同的需求。

1.弥补现实人际关系中的挫败

一些儿童在亲子关系或同伴关系中产生挫败感，如家长不理解、同伴不接纳等，因此他们会在网络上和陌生人聊天，甚至成为朋友；在电子游戏中结识朋友等，这种不见面、没有利害冲突的关系，是对现实生活中令人不满意的人际关系的补偿。

2.满足快乐需求

网络游戏或短视频等具有高刺激性、高娱乐性，对人有很强的吸引力。对于儿童来说，如果现实是枯燥乏味的，那么电子产品的吸引力是无法抗拒的。这属于快乐需求的满足，而且是低成本的满足。

3.满足对成就感的需求

令家长头疼的网络游戏，其实在很大程度上满足了儿童对成就感的需求。对于现实中需要成就感，但缺少积极反馈的儿童，网络游戏很好地满足了他们的需求。比起需要长期努力才能获得积极反馈，甚至长期努力也不会有积极反馈的情形，网络游戏的即时反馈更让人愉悦。

4.满足融入学校小团体的需求

网络游戏也会满足儿童融入学校小团体的需求，使得他们与同学有更多共同话题。

（二）应对方法

电子产品是把双刃剑，生活中没有电子产品显然不现实，家长要做的是引导儿童学会如何合理地、有节制地使用电子产品。

1.家长作好表率

常见的情况是，家长严格控制儿童对电子产品的使用，自己却手机不离手，即使声明自己是在用手机处理工作事务，儿童也不会相信。当儿童觉得不公平时，就会产生逆反心理，不服管教。因此在使用电子产品方面，家长要更加自律，在儿童面前作好表率。

2.家长帮助儿童丰富现实体验

家长可以在网络游戏之外发展与儿童的共同爱好，如共同运动、参观博物馆等，丰富的现实体验会在一定程度上削弱儿童对电子产品的沉迷程度。

3.家长理解并邀请儿童共同解决问题

家长担心儿童沉迷游戏影响学习与生活，先不要急于批评儿童，而是与儿童沟通，了解清楚他从中得到了哪方面的满足，以便共情到他在电子产品和网络游戏中获得的体验，让他感觉到被理解。之后家长再表达自己的担心，邀请儿童共同想办法解决问题。平等沟通的态度和方式有利于问题的解决。

在协商解决问题时，家长要注意一旦达成约定，就要很好地执行。儿童有时会进行试探，想破坏规则，家长要做到“温和但坚定”，即态度温和，但立场坚定。执行过程中双方都不要轻易破坏规则，如若规则遭到破坏，重新建立就会很难。

其实，合理使用电子产品也有很多好处，如网络上有不少优质学习资源。不过，初中阶段儿童的自控力发展还不够完善，在运用这些资源时，有时会控制不住去玩别的，家长在这方面也需要做好适度管理。

温馨小贴士

电子产品内容多，沉迷其中不可取。
了解需求去共情，亲子协商解难题。

问题二：儿童不愿与父母沟通怎么办

（一）行为解读

进入初中后，有些儿童在家中变得沉默寡言，总是闷在自己的小天地，很少与家人沟通交流，或者与家人交流时也不愿多说。家长很着急，担心儿童情绪出问题，或者担心自己对儿童了解太少，无法进行教育。

儿童不愿与父母沟通，可能是青春期特殊的心理闭锁现象。进入初中，儿童认为自己长大了，有了秘密，不愿什么事情都和父母讲，这是青春期孩子典型的特点。

不过，从亲子沟通层面来看，儿童不愿与父母沟通还可能有以下原因。

1.儿童觉得家长不理解自己

儿童在追求独立的过程中，有很多自己的想法，但在家长眼里，可能觉得他们还小，那些想法都很幼稚。久而久之，儿童觉得不被理解，在家中宁愿沉浸在自己的小世界中，也不愿意与家长沟通。

2.家长单向说教的影响

在一些家庭中，家长习惯于单向说教，如“都是为你好”“你看××，要向人家学习”等，儿童没有机会表达，自己的努力也没有被看到。长此以往，这样的单向输出只会打击儿童的沟通愿望。

3.儿童与家长缺少共同语言

网络媒体中有很多流行词，初中生群体对一些事物有自己的观点，如果家长没有跟上他们的节奏，听不懂他们的时尚用语，除了日常琐事与学习外，儿童与家长缺少共同语言，也就失去了沟通的前提。

（二）应对方法

家长要努力创设家庭中和谐的沟通氛围。

1.倾听是亲子有效沟通的基础

无论儿童说得正确与否，家长都要耐心倾听，不要急于否认儿童的观点，用开放的态度邀请儿童说出他们的看法，大家一起讨论。

2.家长要有策略地对儿童进行教育引导

儿童进入青春期，家长的教育方式需要作出相应调整。严厉地呵斥、指责，只会引起儿童的抗拒，不与家长沟通就是反抗的一种表现。对于大多数儿童来说，温和、接纳的教育方式接受度更高。

3.家长要努力与儿童保持“同频”

科技进步使得社会发展日新月异，家长要不断学习新生事物，在新鲜事物方面与儿童保持同步，对一些新观点要有所了解，以便在和儿童沟通时可以“同频”讨论。

对于一些不愿意与家长沟通的儿童，不经意间听到家长说出他们常用的词，好奇心可能会让他们的态度软化，家长可以趁机重新打开与儿童沟通的通道。

温馨小贴士

儿童有事心中藏，家长努力去“同频”。
温和接纳多倾听，信任之门为你开。

问题三：儿童遭遇校园欺凌怎么办

（一）行为解读

校园欺凌具有跨文化的普遍性，是一个世界范围的问题。欺凌行为有很多种，如身体欺凌（推搡、踢、打等身体动作行为）、言语欺凌（起绰号、嘲笑、讽刺、挖苦等言语行为）、关系欺凌（背后散布谣言、说坏话、排斥、孤立等）、网络欺凌（利用微信、QQ、微博等网络社交软件或平台反复实施骚扰、威胁、散布流言、篡改照片等），这些行为会给他人造成恐惧、不适或困窘，严重者可造成很深的心理伤害。

校园欺凌中，被欺凌的儿童常有一些共同特点，如不合群、软弱、爱哭、成就感较低、生理方面有缺陷、生长发育与其他同学不同步等。

当感知到有差异存在时，欺凌就会出现。事实上，在儿童的学校生活中，很多人都会遭受不同程度的欺凌。只不过，儿童在学校遭受欺凌，一般会因羞耻、尴尬而不愿意谈论，欺凌会让他们感到难过和孤立无援，尤其是起绰号、说坏话等一类欺凌行为，表面看起来无足轻重，但常会让被欺凌的儿童受到很大伤害。

（二）应对方法

当儿童遭遇校园欺凌时，家长可以采取以下方法应对。

1.让儿童知道家长是可以信任的

家长要在家庭中创设自由分享感受的氛围，让儿童的情绪得到及时表达，家长的支持会让儿童觉得有安全感，他们知道家长是可以信任的，遇到困难是可以向家长求助的。这样的儿童在家庭之外也会充满自信，不容易被欺凌，即使遇到欺凌，也会主动求助。

家长切不可批评被欺凌的儿童。被欺凌的儿童常因某些原因没有自信，如果回到家中再被家长批评“没用”“你不惹别人，怎么会被欺负”等，就会更加孤立无援。

2.帮助儿童直面现实

欺凌发生后，家长要了解事情的来龙去脉，帮助儿童直面现实。与儿童共同讨论可以采取什么措施来避免伤害、应对之后可能的欺凌。需要时，家长也要采取行动，与学校、老师联系，与对方同学家长联系，当好儿童的坚强后盾，为儿童提供足够的支持。

3.多方合作应对

2017年，由教育部、最高人民法院、最高人民检察院、公安部等十一部门联合印发的《加强中小学生欺凌综合治理方案》中，对儿童欺凌的不同情形明确了惩戒措施。

如果儿童遭遇到严重校园欺凌，家长要寻求学校及司法帮助，依法依规进行处理，维护儿童的正当权益，必要时还要寻求专业心理咨询的帮助，避免给儿童造成严重心理创伤。

温馨小贴士

校园欺凌是难题，儿童自信是关键。
积极求助不害怕，多方合作保安全。

问题四：儿童自虐、自伤怎么办

（一）行为解读

自伤的专业术语为“非自杀性自伤”，顾名思义，就是在没有明显自杀意图的情况下故意伤害自己，如用尖锐物品割伤、扎伤自己，咬伤自己，拿打火机烫伤自己等。家长发现儿童有自伤行为时，常会担心儿童想放弃生命。的确，无论一个人是否有自杀意图，都有可能产生自伤行为。因此，讨论自伤议题时，先要排除儿童的自杀想法。

初中阶段儿童情绪敏感，当压力事件让儿童感觉到痛苦，却对环境无能为力、不知如何应对时，他们常常会伤害自己的身体。伤害身体带来的独特控制感会让他们暂时释放痛苦的情绪，或者将其作为一种自我惩罚的方式。

单纯的自伤行为可以看作儿童释放的信号，也许是呼救的信号——“我很绝望”“我希望你能注意到我”等。

（二）应对方法

1.家长保持镇定很重要

家长得知儿童自伤后，害怕、心疼、震惊、不理解等情绪全都涌上心头，情绪激动时是无法理性处理问题的。因此，家长第一时间要努力保持镇定，不要责怪任何人。

2.家长要明确表达希望提供帮助的意图

自伤是儿童的私密行为，家长想了解儿童伤口背后的动机并不容易，其实可能儿童也很难解释清楚。因此，家长与儿童开展关于自伤的谈话会非常困难。此时，也许不提及自伤，轻松地、迂回地去谈儿童的情绪和健康状况是个不错的选择。

家长要明确向儿童表达："我们能做些什么来帮助你？""有没有一些不想和我谈，但可能想跟别人谈的事，如果需要，我可以为你安排。"同时，家长要明确向儿童表明："无论你遇到什么样的困难，我们都不会嘲笑你，或者认为你不行。"

这是与儿童进行认真谈话的前提，即使儿童当时不愿意说话，他也会感受到家长的诚意，在需要时提出希望得到帮助的请求。

3.鼓励儿童尝试替代自伤的方法

自伤一旦成为儿童处理情绪问题的应对方式，可能短时间内无法停止。家长可以鼓励儿童尝试在手腕上弹皮筋、在常自伤的地方画红线等方法降低伤害，在转移自伤冲动的同时，尝试其他情绪调节方式。

4.寻求专业支持

自伤常是反复的行为，想要克服并不容易。如果儿童同意，可以带他们去寻求专业心理咨询师的帮助；如果需要，家庭成员一起进行咨询也是很好的选择。

如果儿童还没有准备好见心理咨询师，家长可以单独去做咨询，看看从家长的角度可以做些什么以帮助儿童改善自伤行为。

温馨小贴士

自伤行为较多发，家长镇定帮助他。
替代方法试一试，不行咱就找外援。

问题五：儿童“谈恋爱”怎么办

（一）行为解读

随着自我意识、性生理和性心理的发展，初中阶段的儿童自尊心变强，渴望交流和友谊。他们开始非常关注自己的形象，会对异性产生好感，希望吸引异性的注意，喜欢创造各种机会与有好感的异性接触，这是正常的心理表现。

初中阶段的儿童，还不太懂爱情的真正含义，他们的相互吸引，有时仅是因为对方长得好看、顺眼，或者与自己兴趣相投；他们只关心眼前的浪漫，不会考虑以后变化的可能性。当然，也有些儿童会将对方作为自己的依恋对象，希望伤心、难过时能在对方那里得到不同于父母的安慰与陪伴。

有些儿童谈恋爱可能与来自小团体同龄人的压力有关，“别人都在谈恋爱”这样的认知所带来的影响不容小觑，以致儿童会为了所谓的“脱单”而跟风谈恋爱。

家长担心儿童谈恋爱会影响学习、在恋爱中受伤等，这些担心是人之常情，无可厚非。不过，家长单纯禁止谈恋爱常常是无效的，儿童可能会逆反，或者转入地下。家长要做的不是简单地反对或不闻不问，而是引导儿童如何更好地处理情感问题。

（二）应对方法

1.心平气和地帮助儿童分析、推演

家长在保持情绪稳定的情况下，帮助儿童分析、推演他的感情。可以与儿童讨论：当你决定与对方“谈恋爱”时，你想到些什么；当你作出这个选择时，会面临怎样的挑战。邀请儿童尽可能多地想出不同的可能性，家长帮助儿童补充，以充实更多可能性，如恋爱中的矛盾冲突如何解决、如何平衡恋爱与学习等。之后继续讨论如何应对这些可能性才能让自己感觉舒服，或者让自己的学习、生活不受影响甚至变得更好等。

类似的推演同样适用于跟风“谈恋爱”的儿童以及那些徘徊在“谈恋爱”边缘的儿童。

其实，分析、推演就是引导儿童思考、成长的过程，这时候恋爱已经不是最重要的议题，帮助儿童学习如何思考、如何进行选择变得更重要。

整个过程最好一步步写在纸上，有利于儿童纵览全局。当儿童细致地思考之后，他所做的决定会更具适应性。相较于家长的强制干涉，儿童会更喜欢这样自主又有依靠的解决问题的方式。

2.家长对儿童“谈恋爱”保持平常心

无论儿童决定“谈恋爱”，还是放弃这段感情，家长都要保持平常心，在课业之外和儿童一起安排积极健康的活动，丰富儿童的生活。毕竟，情感问题不是儿童生活的全部。

总之，对于儿童“谈恋爱”，宜疏不宜堵，合理的引导才是良策。

温馨小贴士

恋爱不是大问题，牢记宜疏不宜堵。
引导儿童来推演，思考成长更关键。

问题六：儿童狂热追星怎么办

（一）行为解读

谈到狂热追星，就要先提到另一个词“偶像崇拜”。

13～15岁是儿童确立远大理想的黄金时期，偶像是他们心中理想自我的呈现，他们希望借助偶像崇拜达到心理满足。偶像常常是一些在各领域取得很高成就的人士，这样的偶像崇拜可以让崇拜者学习偶像身上的闪光点，如敬业精神、努力奋斗的优秀品质等。

同时，初中阶段的儿童在自我意识萌芽的过程中开始关注自己的内心世界，情绪内隐，很多事情埋藏在心底，而偶像崇拜能使自己有精神寄托，感到自由和安全。当然，如果一群人有共同的偶像崇拜，大家拥有共同话题，可以减少孤独感，能更好地融入团体。

对于偶像的模仿与学习，通常被认为是一个人自我价值实现的有效途径。正常的偶像崇拜是可以鼓励的。

平时我们说到的“追星”，一般指崇拜歌星、影星、球星等，而“狂热追星”指对崇拜的明星盲目的、过度的、不合情理的热衷。有些儿童为了追星，花费大量的时间、金钱去模仿、追逐明星，进入粉丝圈子，沉迷“饭圈文化”，在网络上为明星做很多工作，甚至不惜为所追的明星诽谤他人、与其他明星的粉丝相互攻击等。

进入青春期的儿童大多数还没有形成全面、深刻的价值观来认识世界，家长对于儿童追星正面引导十分重要且必要。

（二）应对方法

当儿童出现狂热追星现象时，家长可以尝试以下做法。

1.从利弊得失引导儿童理性追星

家长不宜采取强硬方式制止儿童追星，这样非但制止不了，反而容易造成儿童“对着干”的心理。

家长可以耐心和儿童讨论喜欢的明星，可以讨论目前为明星做的这些事的利弊得失、刚开始追星时的初心是什么，引导儿童多关注明星积极的方面，使明星成为他学习、努力的动力，而不能因为狂热追星影响正常的学习和生活。

初中阶段的儿童心理状态尚未稳定、判断力不够，且有从众心理。在这种情况下，家长应及时帮儿童调整方向，引导儿童理性追星，回归初心，避免走偏。

2.帮助儿童扩大偶像崇拜范围

家长平时多陪伴儿童，培养儿童各方面的兴趣，丰富儿童的生活，这样做一方面可以避免儿童沉迷在偶像的世界里失去自我，另一方面可以在发展多样化兴趣的过程中扩大

儿童偶像崇拜范围，让他懂得各个领域都有明星，都可以成为自己崇拜、学习的榜样。

3.需要时寻求专业帮助

如果在狂热追星的问题上家长与儿童的交流遇到了困难，就需要寻求专业心理咨询师的帮助。家长和儿童共同接受心理咨询，共同解决问题，并修复亲子关系。

温馨小贴士

偶像崇拜很正常，狂热追星不可取。
认清追星利与弊，莫忘初心防走偏。

问题七：儿童不想上学、上课怎么办

（一）行为解读

儿童不想去学校、不想上课、不想写作业等，都是常见的厌学表现。儿童厌学可能有多种原因。

1.学习方面遇到困难

有些儿童由于学习方面遇到了困难，比如没有掌握适宜的学习方法、问题没有得到及时解决，日积月累，“欠债”太多，对学习产生畏惧心理；或者到初中后学业适应不良，成绩一落千丈，自信心下降，找不到成就感而厌学。

2.压力导致逆反

有些儿童因为父母期望值过高无法达成，承受不了压力，觉得学习是种负担，产生逆反心理，不愿上学。

3.校园生活遇到困难

初中生渴望被接纳和认可，在校园环境中如果人际关系受挫，没有朋友，常会感到孤独和无助，甚至对班级、学校产生恐惧心理。一些遭遇校园欺凌的儿童，在学校度日如年，他们常会选择逃离学校。

4.学习动力缺失

一些家庭物质条件优越的儿童在享受中对生活失去了

欲望，加之高刺激性的网络游戏、短视频等充斥着儿童的生活，与这些相比，他们认为枯燥的学习既让人感觉乏味，又没有必要。在他们看来，即使不学习，将来的生活也是有保障的。

5.网络游戏的影响

网络的冲击对儿童影响很大，有些儿童过度沉迷网络游戏，甚至出现成瘾现象，陷入其中不能自拔。他们不考虑未来，对学校和学习毫无兴趣。

厌学的原因无法全部列出，甚至有些儿童不去上学还和家庭关系有关，每个儿童的厌学原因各不相同。厌学问题不仅困扰着儿童，也困扰着家长。

（二）应对方法

1.早发现、早应对

家长平时要多关注儿童的情绪，对于儿童对学校相关的抱怨要认真对待。如果与儿童保持良好的亲子沟通，很多问题可能会早发现、早应对，不太容易积压到儿童厌学的程度。

2.根据不同原因加以应对

每个儿童厌学的原因都不一样，事实上，有的儿童是不愿意学习，而有的儿童是不愿意去学校学习，但不排斥学知识。家长要详细了解，才能有针对性地为儿童提供帮助。有时家长的帮助是教会儿童一些技能，如处理人际关系方面的技能；有时则是检视自己对儿童的期望是否合理、在儿童的价值观教育方面是否做得不到位；有时还需要和儿童谈判，比如如何平衡现实的教育方式与儿童需求之间的矛盾等。

对于一些儿童，家长在找到原因后，帮助孩子一点点体验进步和成功，孩子可以重新树立正常上学的信心。

3.积极寻求心理咨询师的帮助

在现实生活中，家长常会在儿童不去学校时才意识到出了问题。面对这样的情况，家长想尽办法却收效甚微，这时一定要积极寻求心理咨询师的帮助。心理咨询师虽然不可能解决所有的问题，但总归还是家长强有力的外援。

温馨小贴士

厌学原因特别多，弄清状况再出手。
解决不好别慌张，心理师们来帮忙。

问题八：儿童不合群、处理不好人际关系怎么办

（一）行为解读

同伴关系在这一时期的发展和社会适应中具有成年人无法替代的独特作用。研究表明，这一时期儿童的课余时间玩耍、倾诉和乐趣分享的对象都将同伴放在首要位置。

对一些儿童而言，思考自己是否受欢迎、是否能被所处群体认同很可能是他们生活的核心。然而，有一些儿童此时表现出不合群、交不到朋友、处理不好人际关系，他们在群体中常是被拒绝和被忽视的。

这些儿童常常有如下特征。

1.以自我为中心

一些以自我为中心，对自我和别人要求都高的儿童，无法共情到同伴的感觉；好争论，对于不符合自己期望的同伴持有相当严苛的批判态度，这会让同伴感到非常不舒服，从而疏远这类儿童。

2.表现自卑

一些儿童因各种原因表现自卑，他们对自己和周围的事物都持消极的看法，在同龄人中不太受欢迎，有被排斥或孤立的感觉。

3.表现退缩

有些日常表现害羞、退缩的儿童，他们渴望友谊，但在社会交往方面存在一定程度的恐惧，过度在意别人的评价。这些儿童常会“离群索居”，单独活动。

4.缺乏人际交往技能

人际交往需要技能，有些儿童缺乏这方面的技能，如不知道如何发起大家感兴趣的话题、与同伴间出现矛盾不会应对、常是“话题终结者”等。

（二）应对方法

1.理解儿童的苦恼

有些家长看到儿童没有朋友，会安慰儿童“现在的朋友没什么用，搞好学习才重要”，儿童会感觉到自己的需要不被理解。家长应当了解这个阶段同伴关系对儿童的重要性，理解儿童的苦恼，想办法帮助儿童。

2.真正了解儿童内心的想法

对于自卑、退缩的儿童，家长要充分了解其内心想法，试着找找消极想法、社会交往不自信的源头。儿童存在这些情况可能已经很久，只是家长没有在意，当意识到这一点时，家长要和儿童站在一起，鼓励儿童一点点地克服心理障碍。

3.教导人际交往技能

针对那些缺乏人际交往技能的儿童，家长可以就具体情形和儿童讨论，教儿童如何应对。人际交往技能是需要学习的，有的家长可能在这方面也需要学习。

4.需要时寻求帮助

家长并不是万能的，有时使出浑身解数也帮不到儿童，这时一定要寻求专业心理咨询师的帮助。

温馨小贴士

儿童想要交朋友，交往技能要学好。
家长耐心想办法，帮助儿童渡难关。

第四节 13～15岁儿童需要专业帮助的情况

通过以上内容，家长可以应对儿童在成长发育过程中的一些常见问题，但还有一些特殊情况，需要家长引起注意，必要时应求助专业医疗机构或训练机构。

下面，我们选取这一年龄阶段儿童较为多发或应引起家长注意的情况，予以提醒。

情况一：青春期精神分裂症

青春期精神分裂症是精神分裂症的亚型，具备精神分裂症的基本特点，也具有自身的特征。

此类病症通常会在青春期发病，症状很明显，主要表现为：

1.明显的思维紊乱。

2.行为荒诞、怪异，整个人处于兴奋状态；话多，话语之间没有逻辑，内容比较荒诞、离奇；或者生活懒散、不修边幅、不注意个人卫生等。

3.情感喜怒无常，可能会出现比较激烈的情绪反应，如暴怒、没有背景的喜悦等情感反应不协调，通常与周围环境不和谐。

4.会有丰富的、变化多端的幻觉，即在客观现实中不存在某物的情况下，患病者却能感觉到它的存在，如听幻觉、视幻觉、嗅幻觉、味幻觉、触幻觉等。

5.存在妄想的病理执念，与事实、患病者的文化水平、社会背景等都不相符，但其却深信不疑，难以纠正，如会有“天上的卫星在监视我”“班里所有人都想害我”等执念。

患病者对自身疾病没有自知力，不认为自己有病。由于青春期儿童喜怒无常，家长在不了解此类疾病特点的情况下，也容易将其理解为心理问题，有时会找心理咨询师对儿童进行“劝解”。

恰当的做法是，家长发现儿童有以上一些症状表现（不一定是全部），要及时带儿童去专业医疗机构就医，做到早发现、早治疗。

精神类疾病的起病原因尚不明朗，但通常认为青春期精神分裂症可能与遗传因素有关，也可能与青春期儿童感受到的压抑、挫折、焦虑等消极情绪长期积累有关，因而在病情平稳后，家长可遵医嘱带儿童进行必要的心理辅导。

情况二：抑郁症

抑郁是一种不愉快的情绪体验，人们一般用“抑郁”这个词来指我们生活中间歇出现的悲伤或无力，这些情绪通常会因为事情得到解决或转移注意力等得到调整。

抑郁症是一种精神类疾病，一般指2周内几乎每天的大部分时间具有以下症状表现：

1.心境抑郁，悲伤、空虚、无望，儿童可表现为易激惹。

2.兴趣和愉快感明显减少。

3.体重下降或增加。

4.失眠或睡眠过多。

5.坐立不安或迟钝。

6.疲劳或精力不足。

7.感到毫无价值、不适当的内疚。

8.注意力不集中或犹豫不决。

9.有死亡的想法：自杀行为或企图。

如有上述这些症状，会给儿童带来很大的痛苦，极大地影响他们的学习和社交。当家长发现儿童的状况符合以上症状的其中5项，或至少符合前2项其中之一，就要带儿童去专业医疗机构就医。

中国科学院心理研究所发布的《中国国民心理健康发展报告（2019~2020）》显示，2020年中国青少年的抑郁检出率为24.6%，其中重度抑郁检出率为7.4%，抑郁症已成为当前青少年健康成长的一大威胁。

抑郁症病因通常要从生理因素（家族遗传）、心理因素（性格特点，如过于敏感、对自我要求高等）、社会因素（应激事件、家庭因素等）等方面综合考虑。在对青少年人群的研究中，抑郁主要与学业能力和社会能力两个领域相关。

抑郁症会导致错误的认知过程，即悲观、负面的思维模式，让人感觉到生活充满压力甚至绝望，因而通常的治疗模式并非单一药物治疗，而是药物治疗、心理治疗、家人支持、学校支持等多方联合参与，各自提供必要的支持。

情况三：网络游戏障碍

网络游戏障碍，即网络游戏成瘾，通常有以下表现：对游戏失去控制力，日益沉溺于游戏，以致其他兴趣和日常活动都让位于游戏，即使出现负面后果，游戏仍然继续下去或不断升级，严重到导致在个人、家庭、社交、教育、职场或其他重要领域造成重大损害。

对于儿童而言，长时间玩游戏会导致睡眠不足、营养不良、视力下降，情绪低落、易怒，冲动攻击性行为，学业成绩下降或无心学习等。游戏成瘾的儿童在游戏行为上的时间、频率、强度等都失去了掌控，正常的生活和社交因此受到影响，而作为当事人，儿童很少能觉察到这种失控。

一旦儿童出现这些情况，家长应带儿童到精神类专科医院或医院精神科进行诊断，以明确儿童的状况。

网络游戏成瘾不能随便下结论，符合诊断标准最关键的一点就是“离不开”。一些儿童在生活和学习上不自信、精神空虚、生活中得不到温暖、社交出现问题、身处高压力环境等，都可能导致网络游戏成瘾，因此治疗时通常以心理治疗为主，较严重者可辅以适当的药物治疗。由于儿童与家长联系的紧密性，家长参与到心理治疗中会对儿童产生重要的作用。

特别提醒

如果发现儿童有以上典型情况或类似情况，请家长们一不要惊慌，二不要讳疾忌医。

正确的处理流程：

注意观察

↓

认真记录儿童行为症状

↓

及时前往正规医疗机构确诊

↓

听从专业人士指导

↓

科学认识

↓

积极干预或治疗

第五章

羽翼渐丰振翅飞

——16～18岁儿童心理健康发展的家庭教育方案

16～18岁的儿童，正处于从未成年走向成年的过渡期。这一时期是人生中的重要时期，儿童在生理发育上已达到成熟，在智力发展上也已接近成年人水平，社会化水平不断提升。

处于这个阶段的儿童，作为一个“准成年人”，有以下几个明显的特点。一是思维趋于成熟，抽象逻辑思维占据优势，具有独立判断的意识。二是情绪和情感虽趋于稳定，但总体仍不成熟，还在读高中的学生很容易因学业压力产生焦虑等情绪。三是自我意识进一步发展，形成相对稳定的自我概念和自我形象。四是社会交往的愿望较为强烈，同伴交往的需求增强。

这一阶段，家长应引导儿童形成正确的世界观、人生观和价值观，增强儿童的责任意识，指导儿童进行生涯规划，引导儿童以平常心对待升学，帮助其更好地迎接未来生活的挑战。

第一节 16～18岁儿童的心理发展特点及表现

此阶段的儿童在生理、心理、认知、自我意识、情感等各方面表现出更加丰富、稳定的特征。

一、自我意识——相对成熟且持续探索

这一时期儿童的自我意识迅速发展，他们更多关注自己的内部世界，产生了自我发展和自我实现的需求。他们更加渴望独立，与初中阶段不同的是，他们的叛逆与反抗有所降低，对独立的要求也建立在与成年人和睦相处的基础上。

他们在心理上分化出“理想自我”和“现实自我”，这两种自我之间的差距往往让儿童体验到不一致和矛盾感，但有助于他们以“理想自我”为目标而不断提升、塑造自己。

对于一些儿童来说，社会或成年人没有明确要求他们承担某些责任或义务，他们对于自己的未来、职业选择等只

有一个模糊的概念，还在不断探索的过程中。而另一些儿童已经对自己生活中的重大事件进行了深入思考并作出了最终的选择。

这一时期儿童的自我评价更加成熟，他们能够结合自己的思想水平、道德修养、生活态度以及他人的评价，对自己作出比较客观、深刻的评价。他们的自尊心较强，在受到表扬时，会产生强烈的满足感；当受到批评时，也会产生强烈的挫败感。

二、情绪——高考带来特别的压力

此阶段儿童的情绪体验更加强烈，开心时欣喜若狂，难过时垂头丧气，他们容易动感情，也容易被激怒。他们的情感更加丰富、体会更为深刻，例如对祖国和民族的家国情怀、欣赏艺术作品时体验到的美感、面对社会现象时的道德感等。

儿童的情绪管理能力有所提高，他们能够选择更合适的方式调节自己的情绪状态，比如听喜欢的音乐、跑步、写作、和朋友倾诉等。

不过，对于那些准备参加高考的儿童来说，能否在考试中取得令人满意的成绩会给他们带来很大的烦恼，有些儿童甚至认为考试成绩足以说明一个人的价值。在这种压力下，他们很容易感受到焦虑、抑郁等情绪。父母需要给予孩子更多的关怀、理解，以及积极的情感交流，帮助孩子进行情绪调节。

三、社会交往——异性交往意愿更加强烈

儿童对同伴的要求是有相似的价值观，彼此能够提供情感上的支持。在面对冲突时，相较于以前简单的处理方式，他们能在互相沟通的基础上解决冲突。他们理解友谊可以不是一对一的关系，有很多同伴不一定会威胁到亲密的友谊。

此外，他们与异性交往的意愿更加强烈，有一些儿童会进一步确立恋爱关系，与恋人的交往会超过与父母或朋友之间的交往，他们希望通过恋爱关系满足情感上的各种需要。

这一时期一些儿童也会受到性议题的困扰，不过由于这部分比较隐秘，家长需要多留意，进行正确引导。

四、思维——认知水平接近成人

16～18岁儿童的认知水平已经接近成年人，他们掌握了更多、更抽象的概念，推理能力不断提升，形象思维基本完善，辩证思维迅速发展。而且，儿童所掌握的概念逐步摆脱了零散、片段的特点，渐渐成为有系统、完整的概

念体系。

儿童的思维活动具有较强的预计性，可以在解决问题前做好计划和打算，按照提出问题、明确问题、提出假设、检验假设的思路，经过一系列抽象逻辑思维解决问题。他们能够认识到思维活动或思考的过程，对自己的思维过程进行反思和自省，并且在一定程度上可以进行自我控制，及时调整自己的思路，更好地实现预期目标。

第二节 16～18岁儿童家长的必要行动

在了解和掌握16～18岁儿童的心理发展特点之后，家长在养育过程中要更加民主，帮助儿童增强独立性，做好科学引导，以有效促进儿童身心健康发展，适应未来进入成年人世界的生活。

一、明确家庭界限

家庭界限，指家庭成员中的情感距离。家庭界限一般有三种：一是过于僵化或不灵活的边界；二是过于松散和不明确的边界，也称为边界混乱；三是灵活有弹性的边界。

僵化的界限使家庭成员彼此之间的人际距离很大，关系较为疏离，情感交流较少，没有归属感。而松散的界限过于模糊，家庭成员过分地关心彼此，虽然相互支持较多，但是以牺牲过多的自我为代价。对于这一阶段的儿童来说，这样尤其影响其独立性的发展。

界限清晰的家庭中，家长会尊重家庭成员的个体差异，尤其会尊重儿童的个人需要，使得儿童拥有独立自我意识的同时又有家庭的归属感。家长可以根据儿童的成长及时、适度地调整家庭界限，不断地和儿童的反应核对，找到彼此都感觉自在的平衡点。这个适当的中线需要不时地动态调整。

越界，常是引起亲子矛盾和冲突的一大根源。随着儿童逐渐长大，家长理智上知道要放手，但问题是要放多少、如何放。家长可以从以下方面进行检视。

（一）身体方面的界限

异性家长要注意自己平时的言行，过度亲密会影响儿童的身心成长。

（二）思想方面的界限

这一阶段的儿童对很多事物会有自己的看法，家长不必强行纠正他们非主流或“离经叛道”的言语，先接纳儿童，允许他们有自己的观点。家长可以表达自己不同的观点，让儿童在成长过程中体验和修正他们的观点，把属于儿童的权利和责任明确地交给他们，帮助儿童走向思想的成熟。

二、采用民主型的教养方式

家长对儿童的教养方式通常有三种。

（一）专制–拒绝型。这一类型家长的基本信条是“我养大了你，你就得听我的”，随着儿童自我意识的不断发展，与家长的矛盾冲突会非常明显。

（二）放任–纵容型。家长对儿童纪律和行为要求松懈，一味把儿童的个人意愿放在首位，不去帮助他们克服困难。这种教养方式下的儿童很少能掌握适应环境和应对问题的能力。

（三）民主–权威型。家长对儿童的纪律和行为有明确的要求，同时，他们也愿意和儿童沟通，在遵守一定规则的前提下，对儿童的自主性给予尊重和鼓励，使他们有独立处理问题的空间。

民主–权威型家长的教养方式对于这一阶段的儿童来说是很适宜的。家长日常可通过召开家庭会议的形式与儿童平等、开放地讨论家庭中的各项事务，民主协商、共同分担家庭的责任和义务。

家庭会议的参与者为家庭成员，涉及情感成分，因而与工作会议有明显不同。家庭成员可共同商定会议周期，会议时长每次以30～60分钟为宜，也可根据实际情况自行调节。家庭会议应该遵循平等的原则，家庭成员轮流担任会议主持，支持每个人充分表达自己的观点，并做好会议记录。

对于家庭成员协商一致所作出的决定，大家都要遵守。

在民主–权威型教养方式下，类似家庭会议这样平等的沟通方式会让儿童更具共情能力，在处理人际关系、组织能力等方面都会得心应手。

三、在良好的亲子沟通中拉近距离

儿童拒绝与家长沟通或者明显对家长发起的沟通敷衍应对，是这一阶段亲子沟通中常见的情形。不与儿童沟通，无法了解其内心所想；与儿童沟通，可能又会因不恰当的语言和态度影响沟通效果，达不到沟通的目的，甚至引起儿童的负面反应。家长常会陷入两难境地。

近年来，非暴力沟通的理念风靡全球。非暴力沟通是一种通过平和而有效的沟通看清彼此的需要，在相互尊重的基础上寻求满足自我和对方需要的沟通方式。在亲子沟通中，家长掌握这样的沟通方法，有助于提升沟通效果，在沟通中传递温情，拉近亲子间的距离。

非暴力沟通主要围绕四个要素展开，即观察、感受、需要、请求。

（一）观察

在沟通时应清楚、客观地表达观察到的事实，而不进行判断或评论。人们经常会用评价性语言来表达，如“你总是马马虎虎”。在运用“观察”的要素时，客观表述是良好沟通的前提，比如可以这样说“我看到你做题连续出现同样的错误”。

（二）感受

在观察的基础上表达感受。儿童常会说“还行”“就那样”等模糊不清的词语，很难让人明白真实状况。家长可以提供表达感受的词汇，如受伤、害怕、喜悦、开心、气愤、担心、着急、内疚、孤独等，让儿童选择准确的词汇描述他的感受，这样既有助于家长了解儿童的情绪状态，也会使沟通更顺畅。

（三）需要

与感受部分相联系，用“我感到……因为我……”这样的表达说出自己的需要。如家长对儿童说：“看到你随手乱扔脏袜子，我不太高兴，因为我希望家里更整洁。”

（四）请求

在明确彼此的需求后，进一步表达请求。请求的内容一定要具体。“你是否愿意将脏袜子放进盆里或者随手洗干净晾起来？”这样可明确表示期待对方所采取的具体行动。

虽然包括以上四个要素，但非暴力沟通并不是固定的公式，可以根据不同的情况作出调整，但最初的刻意练习是必要的。

四、引导儿童的生涯规划意识

生涯规划一般包括职业生涯规划和学业生涯规划。职业生涯规划包括择业规划，以及中期和长期的职业发展规划。学业生涯规划指对学习活动的规划，既包括求职之前的能力准备规划，也包括未来的学习规划。

这一阶段是儿童明确自己个性、开始考虑自己人生道路的时候。儿童的职业意识还很模糊，很多人只有“考大学”这一个目标。在高等教育大众化、大学生就业难的现状下，儿童需要提前考虑什么专业更有利于未来的发展、更适合自己的特点。

对于家长而言，在这个阶段可以用谈心、家庭会议等形式引导儿童生涯规划意识。

（一）提供精神上的支持

家长要支持儿童选择自己感兴趣的学习方向或职业，而不是以自己的好恶来左右儿童。不要想当然地认为什么职业好，就强烈要求儿童从事什么职业，要从儿童的兴趣点和实际能力出发去支持儿童的选择。宽容对待儿童在做自我选择时与家长的分歧，尊重儿童的未来规划与发展意愿。

（二）提供实际、有效的支持

当儿童选择了自己感兴趣的学习方向或职业目标时，家长可以设法为儿童提供更多的相关信息，并尽自己所能帮助儿童寻找体验的机会，让儿童在体验中感受这样的选择是否真正适合自己。

有些儿童对社会了解不多、对自己缺乏恰当的估计、对职业或专业的理解往往不切实际，导致对生涯规划没有想法。家长可以帮助儿童客观认识自我，和儿童一起发掘他的兴趣和特长，综合目前学业水平等合理规划未来。

如果家长能引导儿童对未来的专业学习方向或职业发展进行初步规划，探索未来想要从事的职业，找到儿童真正想做的事情，会帮助儿童树立明确的目标，提高儿童的学习主动性。儿童也会因此感受到家长的理解、尊重与支持，有助于发展良好的亲子关系。

第三节 16～18岁儿童典型心理问题及应对方法

这一阶段儿童出现心理问题的复杂程度更高，家长需要了解一些典型问题的成因，掌握科学的应对方法，早发现、早干预。

问题一：儿童过多关注性内容怎么办

（一）行为解读

这一阶段的儿童大多能清楚意识到自己的身体形态已与成年人无异，对性充满好奇，可能会通过各种方式了解相关知识。成人网站的信息无法避免，家长为此感到忧心忡忡，担心儿童会效仿其中的内容，出现一些社会、学校、家庭都不能接受的行为；也会担心儿童沉迷成人网站进行自慰，影响整个人的状态等。总之，家长在这方面深受困扰。

其实，家长与其时刻担心，不如直接给儿童提供正面的引导，帮助儿童获取关于性、爱、亲密关系等科学、全面的知识。

（二）应对方法

1.家长要大大方方和儿童谈性

家长之所以感到困扰，很大原因是自己没有办法做到与儿童正面谈这个话题，感到难以启齿。因此，家长要做好相应的知识准备，同时做好心理建设，切记不要流露出鄙视、厌烦、指责等情绪。这些情绪会影响谈话效果，甚至无法进行谈话。

在与儿童谈话时，遵循性别一致的原则，即父亲与儿子谈、母亲与女儿谈。如果与儿童性别一致的家长缺位，可以找替代父亲或母亲角色的同性别、儿童信任的成年人来谈。

2.帮助儿童了解成人网站内容的夸张性及建站目的

家长要告诉儿童成人网站的内容并不是真实生活的反映，不能当作性爱指南。那些夸张的表演或内容只为激发人的欲望，而网站则从中牟取暴利，甚至常会危害到电脑、手机及个人信息安全。

3.关注儿童的情绪

由于认知不全面，儿童浏览成人网站而产生性幻想或进行自慰等可能引发自责或焦虑情绪，家长在与儿童谈类似话题时要格外对儿童进行提醒。

家长可以与儿童一起讨论性幻想和自慰的相关知识，帮助儿童了解性幻想和自慰是人类性本能的一种表现，关注儿童因此带来的情绪感受，如自责、焦虑等，对儿童进行引导。同时，可以和儿童讨论如何理性地处理性冲动，做到既能处理好生理冲动，又能避免带来心理压力。

总之，家长应重点引导儿童在不同年龄阶段做不同的事，现阶段在性方面要正确应对自己的幻想和期待，这也是对自己负责的表现。当儿童有人生规划、有上进心和责任心，对性也不会偷偷摸摸地好奇，更明确自己在这一阶段的任务时，家长的担心就会迎刃而解。

温馨小贴士

成人网站避不开，正视儿童好奇心。
家长帮着解疑惑，大大方方性教育。

问题二：儿童常常关注自杀、死亡类话题怎么办

（一）行为解读

当儿童突然格外关注自杀、死亡这类话题时，可能是他们面临的压力增大，不知如何应对而产生绝望感，家长需要注意以下情形。

1.抑郁是很重要的一个风险因素

这一阶段的儿童情绪敏感度高，非常关注自己的感受，但又时常自我封闭，因此容易引发抑郁。如果长时间处于抑郁状态，情绪持续消沉，强烈的无价值感和绝望感会让儿童感到脆弱、无助，他们会面临很高的自杀风险。

2.孤独感和厌世感需要引起关注

很多因素会引发儿童的孤独感、厌世感。比如存在各种学业或行为方面的问题、校园暴力的受害者等；存在人际关系问题，被好友背叛、被异性拒绝或分手等；追求完美，高压力、高焦虑人群及家庭的不和睦等，都可能会让儿童对生活及自我产生孤独感、怀疑感，甚至想离开这个世界。

3.警惕自杀的模仿效应

一些自杀事件，尤其是公众人物的自杀，可能会引起

儿童对类似问题的关注，甚至会诱发儿童的自杀意图。

4.与儿童正面讨论对死亡、人生意义的看法

这一阶段由于自我意识的发展，一些儿童会对哲学产生兴趣，开始思考“死亡”“人活着的意义”之类的话题，并对这些内容保持高度关注。家长应有意识地与儿童讨论这些话题，并对儿童进行正面积极的引导。

（二）应对方法

家长发现儿童格外关注自杀、死亡话题时，首先要保持镇定，不要先入为主地认为儿童有实施自杀行为的打算，但也不能掉以轻心。家长可以从以下几方面入手帮助和引导儿童。

1.创造安全的谈话环境

在安全的环境中与儿童谈话，了解儿童关注此类话题的原因，尽量保持倾听的态度，不急于评论、批评或讲道理，给儿童提供一个安全、宽松的环境来表达内心的想法，让儿童知道家长很关心他。

2.直面死亡议题

与大众的一般观念相反，直接谈论自杀及死亡话题，并不会更多地促使儿童发生危险行为。因此，家长不需要刻意回避，可以认真和儿童讨论，在讨论的过程中澄清一些问

题并加以引导。切记：即使看到儿童有一些思维误区，家长也不要强硬扭转，更不要使用带有威胁、打击类的言语，要温和地、耐心地与儿童讨论，要给儿童消化的时间。

3.保证周边环境安全很重要

为防止冲动行为，家长可以做些必要的防护，拿走潜在的危险物品，如刀、药物等，日常注意儿童的行为表现，多关心儿童。

4.必要时寻求专业帮助

如果儿童不愿意与家长谈话，或者家长对解决此类问题感到力不从心，要寻求专业心理咨询师的帮助。

温馨小贴士

死亡话题要警惕，家长引导需镇定。
倾听关心防护好，专业干预当后备。

问题三：儿童因外貌焦虑引发进食障碍怎么办

（一）行为解读

常见的进食障碍包括神经性厌食症、神经性贪食症等。神经性厌食症是一种不肯吃东西的严重进食障碍，这类人群常有错乱的身体意象，即使身体已经骨瘦如柴，也很难觉察到自己已经瘦得皮包骨头了，拒绝承认自己的行为和外表异于常人。神经性贪食症是先暴饮暴食，然后通过泻药或催吐行为来清除食物，这类人群通常在疯狂进食后，会产生强烈的负罪感和抑郁情绪，因此想方设法清除这些食物。

人们通常认为女生容易有进食障碍，但近年来研究表明，男生的进食障碍发生率也有所增加。

青春期的进食障碍可能和以下因素有关。

1.青春期特点的影响

青春期的儿童开始把注意力指向自己，并且首先指向身体。对于外在形象的执着在这一阶段的儿童中表现得尤为突出，他们希望通过好的外在形象获得别人的认同，获得异性的关注等。

2.性格特点等因素的影响

这些儿童可能受家族遗传因素及追求完美的性格特点、抗压能力不够强等因素影响。

3.与家庭关系或家长态度有关

儿童可能以节食为手段达到与家长的高控制做对抗的目的，或者家长对儿童身材、容貌不接纳等。

4.与现代社会文化观念有关

以瘦为美成为评判人们身材的主流，渴望达到极致的儿童很容易陷入其中。青春期的女孩体内正常的脂肪增多，很多女孩，尤其是发育较早的女孩会对自己的外形很不满意，有关外貌的信念可能导致过分努力地控制体重。一些男孩也因对外形的关注，过度控制体重。

（二）应对方法

1.早发现、早治疗

过分关注体重和身体形态、坚持秘密节食、不断调高减肥目标、过度运动、催吐等都可能是进食障碍的征兆。部分抑郁的儿童在出现饮食方面的症状后，也可能会发展出进食障碍。家长要了解相关知识，做到早发现、早治疗。

2.家长要正确看待儿童的外貌、体型

并不是所有家长都认可儿童的外貌、体型等，有时家长不经意间的嫌弃会对儿童产生非常重大的影响。这一阶段的儿童十分敏感，有些儿童会因此更加不自信，甚至会过分改变自己，以期得到家长、同伴或其他人的认可。因此，家

健康瘦身

长要引导儿童正确看待自己的外貌、体型等，父母对儿童的接纳会让儿童更安全、更自信。

3.如果确诊，必须进行专业治疗

在进食障碍的治疗中，心理治疗（包括家庭治疗）和修正食谱、管理进食都是必需的。一些身体极端不正常的儿童可能需要住院治疗。

温馨小贴士

进食障碍是麻烦，专业治疗要跟上。
家长配合做调整，帮助儿童建自信。

问题四：儿童考试焦虑严重怎么办

（一）行为解读

考试焦虑是焦虑的一种，特指面对考试时出现紧张、忐忑不安的现象。一些人会因焦虑影响到饮食和睡眠，寝食难安，严重的还会伴有头晕、头痛、恶心、呕吐、心慌、气短、手脚发冷、多汗、尿频、尿急、肠胃不适等自主神经功能紊乱症状，已明显影响正常学习和生活。考试结束后，能迅速恢复。

心理学研究表明，焦虑和工作效率呈“倒U型”的关系，即过高或过低的焦虑都会对工作效率产生不利影响，适宜的、中等水平的焦虑则会促进工作效率的提升。以考试焦虑为例，过低的焦虑水平可能说明儿童对考试不够重视，而过高的焦虑则会影响知识的获取和能力的正常发挥。考试时，儿童的最佳状态不是没有焦虑，或焦虑到出现很多身心

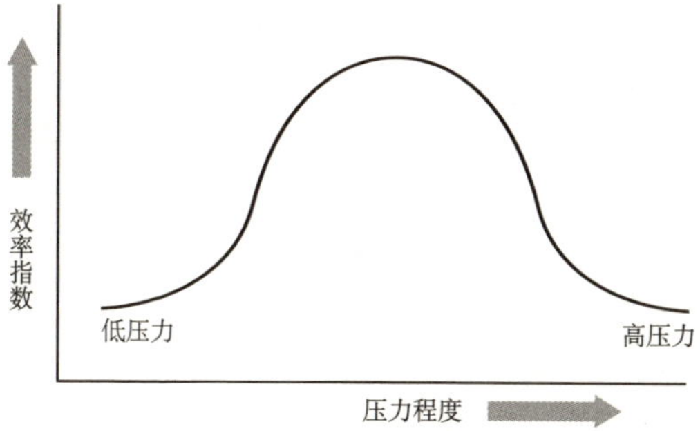

压力与效率相关图

异常反应，而是保持适宜的紧张状态。

通常以下因素与考试焦虑水平相关。

1.成就目标

儿童的成就目标与自我要求、同伴竞争等都有关系。过度追求目标实现，担心达不到自己的目标，容易引发高焦虑。

2.家长期待

家长对儿童期待过高。当儿童无法达到家长的期望时，会受到家长的负性情绪影响，如被指责不努力或充满失望，这会在一定程度上升高儿童的考试焦虑水平。

3.个性特征

这是儿童考试焦虑的重要内部因素。外向不稳定的儿童容易走极端，产生高焦虑或低焦虑；内向不稳定的儿童则可能更多关注自己，有时会出现消极情绪而影响到正常的应试策略。

升学考试是人生的重要考试，虽说不是“一考定终身”，但还是会对儿童产生各种影响。有些儿童会在平时的历次考试中早早表现出焦虑症状，家长要及早发现，帮助儿童进行调整。

（二）应对方法

1.帮助儿童了解造成考试焦虑的原因

家长在发现儿童有考试焦虑时，要和儿童坐下来认真进行梳理，可以让儿童把自己担心的问题写下来，逐条进行讨论。如果儿童担心考不好会令家长失望，家长此时一方面要检视自己是否平时对孩子期待过高，让孩子感受到的压力过大；另一方面要告诉孩子，考试结果并不会影响家长对他的爱。如果孩子担心某科学得不好，会影响整体成绩，家长可帮助孩子探索应对方式，提供力所能及的帮助等。

每个儿童考试焦虑的原因不尽相同，但家长提供的帮助会让儿童感到安心，有效的解决方案也会适度降低儿童的高焦虑水平。

2.帮助儿童掌握一些放松的小技巧

焦虑会引起身心的紧张。家长日常可以帮助儿童练习放松的小技巧，如深呼吸、紧握拳、猛放开等。身体的放松会带来心理的放松，这些小技巧在临场缓解焦虑时也会起到一些作用。

3.及时寻求专业帮助

如果考试焦虑已影响到儿童的正常生活、学习，有些儿童会主动向家长提出需要心理咨询或到专业医院就诊，家长此时要认真对待儿童的需求，及时寻求专业帮助。

温馨小贴士

> 考试焦虑属正常，如果过高要调整。
> 应对考试平常心，提供帮助别犹豫。

问题五：儿童学习没有动力怎么办

（一）行为解读

学习动力指引发与维持学习行为的内在驱动力，通俗来讲，就是想学习、愿意学习。人类天生具有求知欲和好奇心，广义的学习指终身对一切未知内容的学习。这里有关儿童的学习主要指在学校的学习，这种有升学、成绩压力的学习相较于其他活动（如电子游戏、玩乐等）的确是一件比较枯燥、无趣的事情，很容易让人失去学习的动力。

通常而言，儿童缺乏学习动力有以下原因。

1.没有明确的学习目标

一些儿童由于不了解社会现状，对未来生活没有设想，加之受到“躺平”等思想的影响，没有明确的学习目标，在学校就是混日子，缺乏学习动力。

2.成就感缺失

在学校生活中，学习成绩是评价学生的重要指标，学习成绩好会让儿童有成就感。当儿童因种种原因导致成绩下降，成就感缺失时，儿童无法通过学习得到内心的满足，久而久之，就会出现缺乏学习动力的现象。

3.缺乏信心

当儿童在学习方面遇到困难，经过努力也无法克服或无法达到预期目标时，自信心会受到打击，容易因缺乏信心而一蹶不振，失去学习动力。

4.人际关系等外在因素的影响

有些儿童受到学校人际关系甚至家庭中父母冲突的影响，情绪受到冲击，无心学习。

5.干扰因素过多

常见的情况是，儿童并不是完全缺乏动力，也想去实现自己的目标，但因为干扰因素太多，如自控力不够、总想玩电子游戏、学习方面落下的内容太多补起来有很大困难等，都会影响到儿童的学习动力。

（二）应对方法

家长通常会用“苦口婆心讲道理”的方式，希望儿童能“幡然醒悟”，但往往事与愿违，儿童反而会感到不耐烦，因为道理他们都懂。因此，家长要考虑从其他方面切实对儿童进行帮助。

1.帮助儿童梳理学习目标以及实现路径

家长帮儿童梳理时，越具体越好，少讲大道理。可以帮儿童在纸上列出目标方向（对于没有明确目标的儿童可以先进行方向引导）、自己的优势与劣势、学习与不学习带来的问题等，讨论出切实可行的目标以及目标的实现路径，有时甚至要协助儿童制订切实可行的学习计划，督促儿童进行时间管理等。

如果家长能力有限，无法帮助儿童具体梳理，可以找信任、崇拜的人帮忙。能帮儿童寻找资源也是家长对儿童非常重要的帮助。

2.了解儿童在学习方面遇到的困难，讨论如何应对

家长要创设一个接纳的氛围，仔细倾听儿童诉说在学习方面遇到的困难，与儿童共同讨论如何应对。这里的应对依然是要具体化，才会让儿童觉得有希望，重拾信心。

3.耐心支持儿童，肯定儿童的点滴进步

家长在帮助儿童提升学习动力时，一定要有耐心，鼓

励儿童一小步、一小步地向前走，这样会进入良性循环。在儿童遇到挫折时，接纳儿童的情绪，但同时提醒儿童看到自己的点滴进步，避免儿童陷入负性情绪中，再次降低学习动力。

温馨小贴士

学习动力不够强，光讲道理不灵光。
具体支持多肯定，小步走向大目标。

第四节 16～18岁儿童需要专业帮助的情况

通过以上内容，家长可以应对儿童在成长发育过程中的一些常见问题，但还有一些特殊情况需要家长引起注意，必要时应求助专业医疗机构或训练机构。

下面，我们选取这一年龄阶段儿童较为多发或应引起家长注意的情况，予以提醒。

情况一：双相情感障碍

双相情感障碍也称躁郁症，是一种躁狂与抑郁交替发作的严重精神障碍，其核心特征就是极端的情感失调。大约20%～50%的双相情感障碍患者首次发病在儿童时期，病因虽然不明，但也有研究表明此类疾病与遗传有很大关系。

躁狂发作的主要表现为：

1.在一段时间内明显出现持续且反常的情绪升高或易怒，活动增多、精力旺盛，这些情况至少持续1

周，并且几乎每天在一天中的大部分时间里出现。

2.在此期间，可能出现以下与正常行为相比有重大变化的症状表现：

(1) 自信心膨胀；

(2) 睡眠需求减少；

(3) 话多，滔滔不绝、夸夸其谈，言语华丽、空泛，不易打断；

(4) 天马行空的点子；

(5) 容易分心；

(6) 活动量增加；

(7) 过度地参与或从事可能带来不良后果的活动（如疯狂刷信用卡购物、冲动行为等）。

当这些症状已严重到对个人的社交或工作造成损害，就需要住院以防伤害自己或他人。

抑郁发作则与躁狂发作完全相反。

患有双相情感障碍的人常常感觉情绪像过山车一样，时而冲到高点、时而跌落谷底，这种强烈的情绪变换和冲击会带来很大痛苦。此外，有些人会因为躁狂发作时思维变快、精力旺盛而感觉很好；到抑郁发作时，会格外痛苦，甚至出现轻生现象。

双相情感障碍较单纯的躁狂发作或抑郁发作更复杂，目前的治疗方法是药物和心理治疗相结合，同时配合家庭支持。

情况二：焦虑症

焦虑症指由于过分的担心、紧张、害怕，伴有相应的认知、行为改变以及心慌心悸、胸闷、头晕等躯体症状，导致社会功能受损，即无法继续正常生活、工作和人际交往。儿童的焦虑症常会导致无法维持正常学习和生活。

对于患有焦虑症的人来说，担心和恐惧是持续不断的、压倒性的和强烈的，并且难以控制，这些反应与造成这种感受的实际情况或风险是不成比例的。

焦虑症的类型较多，儿童时期的焦虑症为广泛性焦虑症，主要症状表现为：

1.对大量的事情和活动（如学习）感到过度焦虑和担忧，至少持续了6个月。

2.自己难以控制这种焦虑。

3.感到不安或非常紧张，容易疲劳或虚弱，难以集中注意力或大脑一片空白，易怒，肌肉紧张，睡眠困扰（难以入睡，睡得不安稳或烦躁不安）等。

儿童因升学、人际关系等因素会导致压力过大而产生焦虑，一些追求完美、自我要求高或者过分敏感、思虑过重的儿童属于易感人群。有些儿童感觉到无法正常学习，常会主动提出请家长带自己去医院，家长此时一定要重视，及时带儿童到专业医院进行诊疗，通常需要遵医嘱用药及配合心理治疗或心理咨询。

情况三：强迫症

强迫症包括强迫思维和强迫行为，或者两者都有，主要表现如下。

（一）强迫思维

某时段内感受到反复的、持续性的、侵入性的和不必要的想法、冲动或意向，这种感觉会引起显著的焦虑或痛苦。人们会试图忽略或压抑此类想法、冲动或意向，或用其他想法或行为来中和它们（如通过某种强迫行为）。

（二）强迫行为

重复行为，如反复洗手、反复检查核对、重复计数、反复默诵字词等，目的是防止或减少焦虑或痛苦、防止某些可怕的事件或情况发生。而事实上，那些所设想的事件或情况缺乏现实感，或者明显是过度的想法。

强迫症的症状会引起人们痛苦的感受，导致学习、社会交往等重要功能方面出现损害。当影响到人们正常生活时，就需要到专业医院进行诊断，遵医嘱进行治疗。

有些儿童平时会表现出轻微的强迫行为，如反复检查、反复计数等，但发生时间短，不会影响到正常的学习和生活，不必过度在意。

特别提醒

如果发现儿童有以上典型情况或类似情况，请家长们一不要惊慌，二不要讳疾忌医。

正确的处理流程：

注意观察

↓

认真记录儿童行为症状

↓

及时前往正规医疗机构确诊

↓

听从专业人士指导

↓

科学认识

↓

积极干预或治疗

《儿童家庭心理健康教育指导手册》编写团队

主　　笔：

师晓霞　北京师范大学应用心理学博士，国家二级心理咨询师，高级EAP执行师

张欣蕾　首都师范大学应用心理学硕士，中国儿童中心科研部研究人员

审稿专家：

高雪梅　西南大学心理学部副部长，教授，博士生导师，中国心理学会心理危机干预委员会委员

朱晓宇　中国儿童中心科研部部长，研究员

张　爽　首都师范大学教育学院副院长，教授，博士生导师

黄大庆　北京联合大学教授，硕士生导师

孔　姿　中国儿童中心家庭教育部副部长，中国家庭教育学会家校社共育专委会秘书长

编写统筹：

陈　潇　全国妇联联络中心（外文社）战略合作部主任